舵手汇

www.duoshou108.com

聪明投资者沟通的桥梁

交易大师盈利计划

【美】华丁·格列佛　著
熊　菁　范纯海　译
康　民　校译

山西出版传媒集团
山西人民出版社

图书在版编目(CIP)数据

交易大师盈利计划/(美)华丁·格列佛著;熊菁,范纯海译.—太原:山西人民出版社,2019.3
ISBN 978-7-203-10539-8

Ⅰ.①交… Ⅱ.①华… ②熊… ③范… Ⅲ.①股票交易–基本知识 Ⅳ.①F830.91

中国版本图书馆 CIP 数据核字(2018)第 244066 号

交易大师盈利计划

著　　者:(美)华丁·格列佛
译　　者:熊　菁　范纯海
责任编辑:王晓斌
复　　审:傅晓红
终　　审:秦继华
出　版　者:山西出版传媒集团·山西人民出版社
地　　址:太原市建设南路 21 号
邮　　编:030012
发行营销:0351-4922220　4955996　4956039　4922127(传真)
天猫官网:http://sxrmcbs.tmall.com　电话:0351-4922159
E-mail　:sxskcb@163.com　发行部
　　　　　sxskcb@126.com　总编室
网　　址:www.sxskcb.com
经　销　者:山西出版传媒集团·山西人民出版社
承　印　者:三河市京兰印务有限公司
开　　本:710mm×1000mm　1/16
印　　张:17.5
字　　数:210 千字
印　　数:1-5100 册
版　　次:2019 年 3 月　第 1 版
印　　次:2019 年 3 月　第 1 次印刷
书　　号:978-7-203-10539-8
定　　价:68.00 元

如有印装质量问题请与本社联系调换

引　言

如果你看了封面，就会明白这本书讲的是股票市场和股票交易，但最重要的词是"计划"。现在我来告诉你原因。

我这些年所指导的交易员各不相同，包括从门外汉到有数年交易经验的人。我发现，股票交易教育存在很大的盲点，那就是清晰的计划。交易员只有在知道自己在干什么的时候才能挣到钱。东一耙子西一扫帚是要失败的。问题就在于很多人自以为清楚自己在干什么，但实际上，他们只学了点花拳绣腿。这些招数并不能有效发挥作用，因为无法整合成大师级的交易计划。奇怪的是，很多成功的交易员承认他们刚开始的时候并没有这类交易计划，而且很晚才发现制订交易计划的重要性——在遭受很多本没有必要的遗憾和损失之后。这很痛苦，但我也得承认，我也不是例外。

如果我们一开始就知道自己该干什么，那么在股市上的存活率会高得多。坚持学习是获取收益的必要条件。

能将股票市场交易作为维持生计或者赚大钱的手段吗？当然可以！很多人做到了，而且乐此不疲。为什么你不行呢？但如果你把这当成"快速致富"的手段，那还是把书合上，放回书架吧！我自己玩股票玩了这么多年，还为数百位交易员提供过咨询。如果你想知道为什么我现在才开始做计划，想知道如何根据计划组织行动，想知道如何在这个有史以来最伟大的游戏中有更大的胜出机会——那么，这就是最合你胃口的书。

还有兴趣吗？翻页吧！

致　谢

我要感谢交易员同仁艾伦·法雷、史蒂芬·舍伍德、查克·柯林斯和达里尔·顾比。他们慷慨地分享了自己交易岁月的回忆，以及交易计划的点点滴滴。

对于我曾交谈过的，打算开启交易旅程的新入门交易员，我感谢你们告诉我自己开始从事交易的原因，以及打算如何开始交易的真实想法。讨论你们遇见的挑战对我大有帮助，让我可以不断改进交易培训的方法。

我合作的交易员社区继续鼓舞着我，我也仍然每天学习股市的知识。感谢把"现实中的交易员"营造成颇受欢迎的家园。

感谢开发 IntelliScan（最好的扫描软件）的丹·莫金及其整个团队。感谢你们的奉献和辛勤劳动。

最后，感谢自始至终都鼓励我的家人。

前　言

写这本书是为了帮助想成为交易员的人，引导他们带着全面的眼光，走过股票交易这个行当的各个阶段。

过去十年间，对金融市场交易感兴趣的人员数量大幅增长。科技的发展为公众主动交易敞开了大门。整个北美，甚至全球都充斥着交易的热情。1998年至2000年年初的火爆股市让这种热情进一步升温。对很多人来说，股市交易意味着闪亮的人生梦想——没有办公室的压力，无须向老板汇报，也没有严格的计划。不幸的是，对大多数人来说，这也仅仅是个梦想。现实情况是，股市交易的失败率奇高。虽然股票交易看上去很简单，但隐藏了很多陷阱和危险，浇灭了大多数交易初学者的希望，打碎了他们的美梦。诚然，股市交易和任何其他需要自我管理的行业一样，并不适合所有人，但失败率也太高了。

根据我自己的经验，以及这些年来我所教过的数百名交易员的经验，我发现这个领域的培训缺了很重要的一环——结构，而结构在所有其他领域却是司空见惯的。让我来详细解释。

我要简单说说自己走过的路。整个经历已经详细记录在我的第一本书中——麦格劳·希尔公司2003年出版的《盘口解读技术》。

我开始学股市交易的时候，看了几本书，是从我能找到的一堆资料里面挑的。第一本书才看到一半的时候，我就操作了第一笔交易。我上了一些网站，听了些交易员的看法。我开始接触的那些书合适吗？那些网站上的资料全面吗？有逻辑吗？和我交谈过的交易员知道他们自己在做什么吗？我怎么才能找到所有的答案？

我没有衡量标准。我所知道的那点东西甚至还无法让自己理解自己正在寻找什么。我只是跳入一个行业，而关于如何发展却没有半点认识。好几次严重的失败迫使我去适应，去阅读更多的资料。我开始更谨慎地交易，并采取严格的风险控制。直到两年后，我的交易状况才有所好转。第二年年末，我处在失败的边缘，只剩下原始账户金额的25%。

是不是我的经历在交易行业太独特，没有代表性？绝对不是。我一次次在其他交易员身上看到类似的经历。他们进入股票交易这个行当，发现些花边新闻，就开始交易了。现实的打击来得很快。发现知识不够用后，就开始通过培训来填充。他们找到了吗？——实际的结构？从哪里开始？如何持续下去？基本上没有。

有人可能会想，现在距广大民众开始对交易产生强烈兴趣都10年了，肯定存在着这样的结构。然而，你随便去一个交易论坛问一下"我该如何开始？"（这个问题经常有人问起），但毫无例外的回答是"开始的时候关注市场动向，先做模拟交易，股票少买些，读几本这方面的书，观察大盘走势，积累经验，遭受损失,直到了解如何停止亏损"。你会听到,无数的交易员都是先经历了最初的失败(通常是多次失败)才成功的。这些交易员的账户被大家当作例证引用,说明这是学习的唯一途径。有什么不对吗?我们接下来再分析。

目 录

第一章　开始之前 ··· 1
　　交易的教育 ·· 1
　　本书的结构 ·· 6

第二章　掌握交易技巧 ··· 13
　　交易计划 ·· 14
　　听交易员说——耐心的罗杰斯 ······················· 16

第三章　交易理念 ·· 23
　　问题，还是问题 ··· 23
　　是什么在推动市场？ ······································ 24
　　什么是市场的真相？ ······································ 28
　　市场有确定性吗？ ·· 29
　　什么是损失？可以避免吗？ ··························· 30
　　怎样对待风险？ ·· 31
　　鲁莽赌博和交易的区别？ ······························· 33

我该根据市场运动交易什么呢？ ………………………… 33
　　　问答整理 ………………………………………………………… 39
　　　交易计划 ………………………………………………………… 45

第四章　交易心理 ……………………………………………… 49
　　　简单 VS. 容易 …………………………………………………… 49
　　　防御型心理 ……………………………………………………… 50
　　　控制自己 ………………………………………………………… 51
　　　模范交易员 ……………………………………………………… 55
　　　模范交易员的行动 ……………………………………………… 56
　　　如果我更聪明些 ………………………………………………… 60
　　　听交易员说——艾伦·法雷 …………………………………… 61
　　　攻击型交易心理 ………………………………………………… 75
　　　交易计划 ………………………………………………………… 79
　　　听交易员说——查克·科林斯 ………………………………… 81

第五章　创建交易体系 ………………………………………… 87
　　　必要的评论 ……………………………………………………… 87
　　　时间结构 ………………………………………………………… 89
　　　风险评估和控制 ………………………………………………… 93
　　　问答整理 ………………………………………………………… 101
　　　市场判读方法 …………………………………………………… 102
　　　交易计划 ………………………………………………………… 103
　　　交易计划 ………………………………………………………… 108
　　　问答整理 ………………………………………………………… 134

交易计划 …………………………………………………… 137

　　设计交易策略 ……………………………………………… 137

　　交易计划 …………………………………………………… 148

　　听交易员说——达里尔·顾比 …………………………… 149

第六章　交易工具 ………………………………………… 159

　　交易工具 …………………………………………………… 159

　　券商系统 …………………………………………………… 160

　　问答整理 …………………………………………………… 171

　　行情/制图软件 ……………………………………………… 176

　　问答整理 …………………………………………………… 181

　　扫描软件 …………………………………………………… 182

　　问答整理 …………………………………………………… 188

　　交易计划 …………………………………………………… 190

第七章　交易实践 ………………………………………… 193

　　检验理论的时刻 …………………………………………… 193

　　模拟交易 …………………………………………………… 194

　　问答整理 …………………………………………………… 199

　　小笔交易 …………………………………………………… 201

　　增加筹码 …………………………………………………… 203

　　问答整理 …………………………………………………… 204

　　交易日志 …………………………………………………… 213

　　问答整理 …………………………………………………… 220

　　风险控制 …………………………………………………… 221

问答整理 ·· 225
　　交易计划 ·· 227

第八章　交易计划示例 ······························ 229
　　初学者 ·· 229
　　波段交易员 ··· 235
　　退休人员 ·· 239
　　基本面分析交易员 ·· 243
　　帽客 ··· 246

结束语 ·· 250
术语表 ·· 251
译者后记 ··· 266

第一章　开始之前

交易的教育

理论 VS. 实践

要是向学习开飞机的人提出这种建议，你能想象吗？尽管撞吧，如果还能活着回来，你就知道如何开飞机了。想成为外科医师吗？先操刀做手术吧，从经验中学习。工程师？先建一两座桥，看会不会塌。每塌一座桥，你就能积累更多的经验，下一座桥也会建得更好。看上去是不是很可笑？但在股票交易上这的的确确存在。

股票交易和其他职业的学习方法差别如此之大，这怎么可能呢？答案很简单。上面所有的例子中，我们都把别人置于危险之中来积累自己的经验。所以，学习必须结构合理，自己学习的同时，将他人的风险降到最低。但股票交易不是这样，投资失败后，除了自己和家人之外，没有其他任何人会受到伤害。你不会像飞行员因为失误而害得乘客丢了性命，不会像外科医师因为失误而伤了病人，不会像工程师因为失误而害得汽车滑到桥下。这样也就没有任何人来规范股票交易知识的传授和学习。

请不要误解我。我不是来规范这个行业的。我坚持认为，交易员仍然应该是个自觉规范的职业。我们来看看另一个例子。有一个和股票交易非常相似的行业，包括做出错误决定后对他人的伤害也有异曲同工之处。我说的是商业，是创业。和股票交易一样，商业中的付出是高度个人化、个性化的事情。而且商业教育中，有现成的结构，有合乎逻辑的步骤，有商学院。只要你在小试牛刀之前学些理论，创业就有可能是可以实现的目标。创业要先制订商业计划，然后根据经验和具体情况进行调整。

我并不认为股票交易应该有所不同。如果有差别，那唯一的解释就是相比之下，公众进入股票交易领域的新鲜感更强烈。现在到了建立结构的时候了。

做出有远见的选择

很多针对交易员的书和课程都是在教具体的手段或交易方法。作者分享他们的经验和发现无可厚非，但对交易入门者来说却有一定的危险。由于入门者不知道自己所拥有的所有选择，当作者讲到某种方法是个正确的交易手段时，入门者总是把这话奉为圣经。但事实上还有其他选择，而且很多有效的选择。自己做选择时应该从多方面考虑，选择适合自己的。交易员找到自己的方法之前，应该看看所有可选项，并把所有选择都仔细过一遍。如果没有经过这一步骤，交易员很可能坚持的并不是适合他个人情况、个性或目标的东西。我见到过天生的短线交易投机者，在交易中切换自如，也见到过了不起的分析师，在闪电般的短线交易中熟练运用技巧。这对入门者并没有什么意义，除非他们意识到自己采用了并不适合自己的交易风格。

从森林到树木

研究我接触过的交易员的成绩，以及我自己的交易方法后，我发现学习偏离标准轨道的另一方面。

我们来回顾一下之前引用的事例。学习如何从医时，你是先熟悉嗅觉神经、视觉神经、动眼神经等概念后再了解神经系统这个整体概念的吗？"三叉神经可导致面部触觉神经障碍和咀嚼肌无力。"这句话在一开始对你的学习产生了帮助吗？学习如何成为一名工程师时，你不是在学习混凝土结构中钢筋的不同用法后再熟悉混凝土如何在重负下发挥作用这一概念的。

我们来看看股票交易中的情况。刚开始，股票交易的入门者找出一些指标或技术分析。有时候，交易员从某种交易架构开始，他们几乎毫无计划，道听途说，然后付诸实践，但实际上并不奏效。是这些架构或指标出了问题吗？并非如此。交易员可能碰到了这样的情况——这些架构对某些人有用，但并不适合自己。大家可能要问了：为什么会这样？相同的东西，怎么会对一个人有用，而对其他人没有用呢？

因为交易员具体操作时，自己并没有观念上的框架。和模仿者不同（除非知道自己在做什么），交易员从来没有发现自己——自己的交易理念，对市场如何运动的基本理解，自己的优势在哪里，自己可以读到、发现的运动迹象。如果缺乏这些背景知识，交易员就无法识别那些对经验丰富的交易员来说有价值的信息。

还有一个例子。就像有人看到别人烧肉，自己也想试试，但不知道有多少种肉，也不知道如何做准备工作。别人烧的肉可能是美味的T骨牛排。现在，假设你对肉一无所知，买了火鸡肉，却想要做成同样的美味。你都不知道肉还分牛肉、猪肉、鸡肉、火鸡肉、野味、羊排，也不知道有不同的切法，不知道做卤味的不同方法，不知道用不同的入味方法和酱汁，还希望做出来的肉和别人的一样美味，或者说能让人吃得下去，这种期待合理吗？

股票交易的情况正好一样。交易员还没有形成自己的交易理念之前就想确立自己的交易风格，简直就是本末倒置。我就遇见过有的交易员，学了几年但从未形成自己的交易理念，不知道自己是哪一类型的交易员，也没有意识到自己的架构基础是什么。就像在开飞机的瞎眼飞行员，不知道飞机运作或天气变化模式。就像准备给病人身体某个部位动手术的外科医生，但不知道人体有多少个不同部位以及器官之间的联系。他们没有把人体当成一个系统来学习，只是学了这个器官再学那个器官，也从来不问人的整体功能是如何发挥出来的。

这种方法的问题在于，交易员在了解所有的选择并进行学习之前就已经做出了的选择——自己要交易什么？如何交易？在学习整个体系之前，他们对自己选择的后果没有清晰的认识。难怪他们的选择不是错误，就是不适合自己的交易目的和个性。

每当开始交易指导时，我都会让学员向我提问。听到问题后，我总想向大家展示更大的格局，看看他们是否理解了，是否接下来只需讲讲具体细节。通常（实际上大多数情况如此），我发现他们实际上没有整体的概念，他们的问题只是"来看看缺少的另一个要素"。许多人都存有这样的幻想：他们总觉得还有最后一个知识点要学，一旦学习后，就可以一起用来操作了。如果在整个方法中没有交易理念，是不可能成功的。

时刻把握全局

很多交易员一个点一个点地学习交易。现在，我们来看看他们的学习成果如何。和多个零件组成的复杂系统一样，知道相互间如何作用很重要，但这些交易员通常并不能掌握相互作用的原理。很多部分相互关联，对经验丰富的交易员来说很明显，但对用线性方式学习的人来说总理不出头绪。

成交量是看股市运动的一个重要工具,也是风险评估的重要一环;风险评估会影响交易规模;交易规模是资金管理的主题;资金管理与自己设定的时间结构紧密联系;时间结构直接影响风险评估进程。

这仅仅是交易员做决定时,脑海里所闪过的决策过程中的一小部分。有时这一切的发生只是几秒钟的时间。看上去如此复杂,该如何学习相互之间的所有联系呢?有没有学习的方法,而不必经过多年痛苦的损失经历呢?我并不是无视经验的作用,但确实有这样的学习方法。

我们通常用老师以前教的方法学习:这是主题1,我们把它分解成1.1、1.2之类的次级主题,次级主题还可以进一步分解成1.1.1、1.1.2等。这是了解事物结构的好办法,但实际上并不是了解主题之间联系的好办法。你在学习6.4.5的时候,是否能够真正把它和曾经学过的3.7.6联系起来呢?有这种可能,但并不容易。即使有人告诉你存在这种联系,你还得回过头,重读一遍3.7.6来看看相互间的联系。有效的交易需要对所有的相互联系或作用有清晰的理解,你要时刻把全局挂在心上。很明显,这种线性方法是有问题的,有必要采用其他交易教学方法,让交易员时刻把握全局。

走向何方?

我们重温一下曾经讨论过的例子——商业学习。这是个很好的例子,商业和交易在很多方面所需的努力是最接近的。所有的商业课程,其整体结构就是通过采取有逻辑的步骤制订商业计划来引导学生。商业计划的作用非常之大。正如沃尔特·S.古德博士在自己的《创造梦想》(*Building a Dream*)一书中所说的:"商业计划过程的关注焦点在未来,把自己期望达到的目标和商业概念或理念之下能达到的目标联系起来。这需要有逻辑地、循序渐进地走完每个步骤。"

我写这本书就是要带你走完所有这些步骤，从而形成你自己的交易计划。你可以清楚地知道该走向何方，以及原因，而不是做个瞎眼的飞行员。所有可能的选择会展示在你面前，而且会帮助你做出决定，让你确信自己的股票交易学习中没有盲点。无论遇见什么，都不存在完全不可预见的情况。你的现实交易将有个很好的基础，交易计划会引导你处理股市上遇到的各种问题。

这绝不是要让自己的交易计划数年保持不变。交易计划应该是个生动的、不断变化的指导方案，你得随着自己阅历的增长进行调整。你对市场和自己了解得越多，交易计划就能更准确地反映自己的财务成绩和财务能力。有两个因素会影响交易计划。一是自己的经验，即自我发现。你对自己、自己的喜好、舒适区、风险承担能力和个性的其他方面了解更多后，就要调整交易计划，反映出这些特点。另一个因素是不断变化的市场。交易计划会包含考虑市场如何反应所需的要素，你得在变化中调整自己的行为。只要你认识到主要趋势的变化，或者每天的变盘趋势，收窄、拉高、持平、暴涨或暴跌，从长期来看，交易计划是可以调整的。

本书的结构

按照上文的设计，我们来看看自己是如何跨过障碍，达到预定目标的。

理论先行

在你制订自己的行动计划和交易计划之前，对于如何开始交易，没有现成的建议，也没有仅仅针对观察市场的建议指导你学习。

我们会把你该学的都梳理一遍，告诉你交易的所有要素，清楚地告诉你拥有的选择，并对所有选择及选择后果进行描述。读过这本书和本书推荐的材料后，你会有清晰的理解：自己将会遇见什么，该如何做才能达成自己的目标，而不用遭受巨大的损失。在你第一次操刀做手术前，你得学习身体是如何协调作用的。

制作商业计划书也是如此，你得按步骤来，提出问题，给出答案，填写表格。综合在一起，就能形成完整的、周密的行动计划。

找到迷宫的出路

这本书并不是要介绍什么比其他人更好的交易方法或措施，但可以帮助你识别适合自己特殊情况、目标和个性的交易方法和措施，以及不同的选择。其实就是帮你寻找适合自己的路。

从森林开始，继而树木

本书将从大局的讨论开始。在你开始学习每个知识点之前，告诉你所有知识点结合在一起时是什么样子。始终按顺序做事。

接着，正如所有复杂的系统一样，把整体拆分成部分。随着交易计划的不断完善，会填充越来越多的细节部分，但我们还得维持全局的框架。你会做出准确的选择，看看这个选择如何影响交易计划的其他方面，以及它们之间是如何联系的。

你要学习和掌握的知识要点会出现在不同的章节里。也就是说，这本书采用了循环的写作手法，在更深的层面或从不同角度讨论问题。你可以看到《交易理念》、《交易心理》、《建立自己的交易体系》、《交易实战》这些章节分别从不同的视角和深度来讨论风险控制。用这种方法学习，你将更全面地理解各要素的作用，以及相互间的依存关系。

将全局铭记于心

前面我们已经讨论过线性学习方法存在的问题。幸好我们还有不同的方法，用更简单的方式展示全面的情况和相互间的联系。这种方法叫"思维导图"，由托尼·巴赞于20世纪60年代后期提出。正如托尼·巴赞的网站上所说，思维导图和地图一样，将：

- 展示大论题或大区域的概况。
- 让你能够计划路线，做出选择；让你知道该朝哪儿前进，以前都完成了什么。
- 为你收集、保存大量数据。
- 告诉你创新方法，鼓励你解决问题。
- 让你做事非常有效率。
- 看上去，读起来，想象中都很有趣，也容易记住。
- 吸引你的眼球/注意力。
- 让你纵观全局，同时对细节了然于心。

很多人都发现这种图表技巧对于计划和学习极其有用，你可以轻松、形象地理解各部分之间的联系，在我们学习复杂的材料时解决许多问题。与普通的"决策树"不同，思维导图让你对所学内容形成整体印象，而不是进行优先排列。如果所有内容都同样重要；或者如果各部分并不是按前后顺序排列的，而仅仅是共同组成一个整体；或者如果几部分共同组成一个分支，而整体十分复杂，这点就显得尤为重要。涉及图像、曲线和不同字体的方法由右脑控制。众所周知，这种分工可以唤醒创造性思维，让你产生有积极影响的记忆。用这种方式介绍知识便于记忆，只要看一眼思维导图就能记住结构。

这种方法本身很简单。把主要论题、研究课题或有待解决的问题放在整个图的中间，而主要论题拆分出的部分或概念作为分支，标上关键词。次级论题从那些主枝干中再分出来。这样画出的图就形成了发散性的层级。采用不同的颜色和图像可以更好地将组成整体的所有部分和联系组织起来，也更容易记住。你可以用软件或手动方式完成思维导图的构建。

为了达到本书的目标，我会用这种方式展示你要学习的步骤和要点。下面就是目前所涉及事物的思维导图（图1-1）。你自己可以看看这个技巧有多厉害，对理解的帮助有多大。

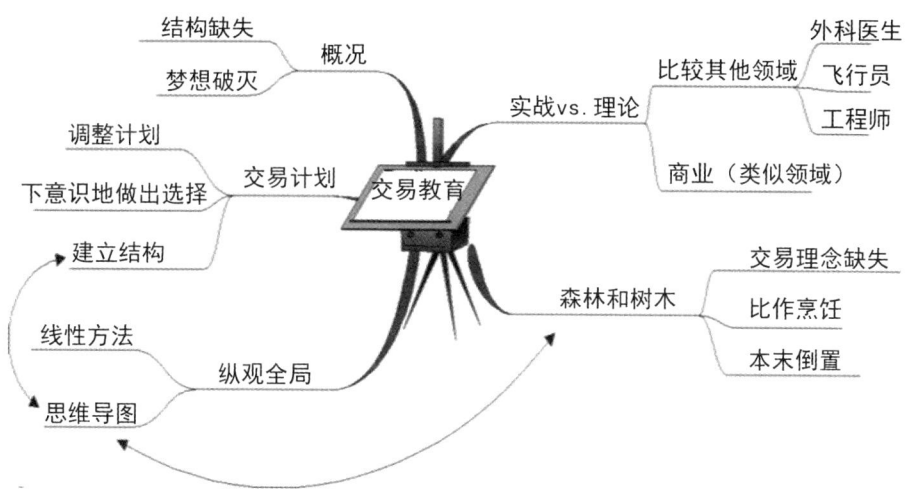

图1-1　这幅思维导图和本书的其余部分是用Computer Systems Odessa公司开发的软件 *ConceptDraw* MINDMAP 专业版制作的。

这本书的目的是什么

写这本书并不是要告诉你进行交易需要知道的所有知识。没有任何一本书可以做到。现在已经有很多这样的资料，从不同视角传授交易知识，写得还不错。这里我并不想重复其他书里有的知识，我只是想告诉你总体框架，里面有你所需的所有资源。我希望这本书是你进入交易世界的入门指引，帮你在知识的海洋中找到自己的路，走下去，获取你想要的，知道前面还有什么其他东西；同时也帮你理解自己需要什么，确保你没有漏掉什么重要的东西。

这本书绝不是要告诉你交易的"唯一最佳"方法或"交易体系的圣杯"。相反，我要告诉你根本不存在这种系统。别人要是这么向你承诺的话，你得跑远点。这是本工作手册，不是寻找"快速致富魔棒"秘密地点的地图。读了交易计划和对交易员的采访后，你会对他们差异巨大的交易方法感到震惊。这里得再重申一遍这样一个事实——最佳交易方法正是最适合你的方法。

如何使用这本书

本书的所有内容与思维导图息息相关。随着内容讲解的深入，思维导图也越来越具体。你一边继续读，一边还得复习，以便对整体有印象。加入新元素后，跟着相互间的箭头看看彼此间的联系和相互影响。

每个部分由几个次级论题组成，包含了这部分内容的思维导图，这样你就可以获得较为全面的认识。这部分的各要素或下级论题内容也会得到描述和分析。如果某个下级论题很复杂，或者提供了不少选择，那么，这个下级论题也该有自己的思维导图。

书中还有"听交易员说"环节，是交易员的访谈记录。他们有不同的经验和各种各样的交易方法，可以帮助你理解交易员面临的真实挑战。你将看到其他人如何应对这些挑战，如何形成自己的交易风格。这些访谈结合了书中讨论的很多话题。看到有着不同时间结构和交易方法的交易员在一般交易技巧和交易理念的不少方面居然如此统一，你会入迷的。我建议读完这本书后，你再回过头来重读一遍访谈，因为每个部分交易员都会谈论他们的经验和发现。这样你会看到不同的一面，产生不同的理解。阅读访谈记录还可以帮助你形成自己的交易计划。

书中还有以💡为标志的"小贴士"，在你对操作细节深入学习时，为你提供其他有用的信息。

每个部分还有名为"问答整理"环节，是我从指导课程和与交易员的交谈中整理出的问题，回答了我经常被问到的很多问题。这是无价之宝，能让你找到不少典型问题的解决方法。如果其他人也经常问这些问题，你就可以回答他们了。

每个部分都以"资源"结尾，是一些参考网站，从中你可以获得补充信息。交易的互联网资源极其丰富，搜索一下，你就可以看到有价值的资料了。不少网站的观点比较武断，所以我在选择的时候比较挑剔。列出的资源都是我个人使用过，或者我熟悉的网站。

上一部分到下一部分的过渡就是"交易计划表"。制订交易计划所需的要点反映在表格中，你得自己填写。表格也可以从网站 www.realitytrader.com/masterplan 下载。

该网站上的每张表格标明了书中的相应页码。你也可以用 www.realitytrader.com 上的 email 表格提出问题，获得帮助。你填好这些表格，综合整理后，就开始形成自己的交易计划了。交易计划的部分要点是固定的，但大多数都不同，因为每个交易员对于其他人来说都是不同的。你自己的交易计划可以文本的方式囊括这些固定要点，可以自己为它们命名，从而符合自己的个性，或者，你也可以在自己的交易计划中记下书中相关部分没有讨论过的问题，从而帮助自己更好地记住计划中某些部分的来龙去脉，但不要改变含义，因为这是几代交易员智慧的结晶。不同要点包含了待填写的语句的开头。帮你做出选择或为你介绍其他资源的所有材料对你学习相关领域都是有帮助的。

不要把这些表格当作教条。你认为有必要的话，可以增加或删去一些要点。书中最后附上的交易计划样本都是实际使用过的计划，只是制作者把个人认为私密的内容删去了，我只是做了些许调整，使之与本书上下文保持统一，例如增加本书提到的表格标题，顺序调整（各部分的重要性并无改变）。重申一次，调整只是为读者阅读方便考虑。这些样本会告诉你交易员是如何制订交易计划的。

读完本书的学习计划提纲，下面，你要继续学习，更好地理解自己交易成功的潜力和交易成功需满足的条件。

资源

www.realitytrader.com/masterplan

http：//www.mind-map.com

http：//www.realitytrader.com/mindmap.asp

第二章　掌握交易技巧

要掌握交易，你得学习下面五个部分的知识。

第一部分即交易理念，也就是交易方法的总体概念。这个阶段，你得选择自己的总体观点，这将决定你成为何种类型的交易者。这个阶段的选择对你学的任何东西和交易中的任何事情都会产生影响。

第二部分即交易心理学。让你形成适合自己的交易思维，为你提供各种办法来控制自己的行为，同时还能帮助你更好地理解其他市场参与者的心理。这样，你就可以充分利用他们的交易行为了。

第三部分即创建交易体系。有了交易体系，你可以选择自己观察市场的方法，交易的时间结构，特别是进场和退场的交易方式和交易信号。你可以从各种选项中选择最适合自己的方法。

第四部分即交易工具。你用什么下订单，如何看待市场的波动，监控自己的交易和仓位，都是这部分的课题。本书也将告诉你如何选择最适合自己交易方法的工具。

第五部分即交易实践。这是你小心翼翼在河边走，却慢慢湿鞋的地方。这部分会告诉你如何在开始交易的时候，将风险控制在最低水平，缩短自己的学习时间；同时还会检查你监控自己交易行为的方法,以及做出必要纠正的方法。

这几部分按顺序排列,让你得以系统学习。在定义自己的交易理念之前就创建交易体系是说不通的。确定自己交易体系的细节之前就选好交易工具也没有意义。本书将带你深入到具体细节,所有这些细节的选择都由前期的总体选择确定,接下来,细节的选择又将控制下一阶段的选择。

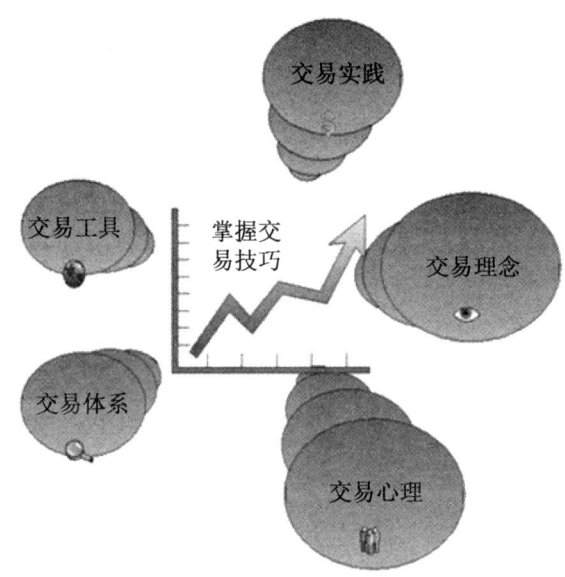

图 2-1　掌握交易技巧的思维导图

交易计划

现在,你已经准备好开始制订交易计划了。我们都知道,你还没有学多少,但如果已经买了这本书,知道自己想要从交易中得到什么,那么,这是当前我们可以规划的。

交易计划从愿景说明开始,也就是描述作为交易员,你希望达到的理想境界。愿景说明应该简洁、易读、易记,代表你想达成的大目标，回答了这样一个关键问题：你希望从交易中得到什么？

下面是一个愿景说明的例子：

我计划成为一名全职交易员。交易将成为我的主要收入来源。我想达到财务自由，并拥有自由的生活方式。

另一个例子：

我计划把交易作为额外收入来源，希望通过在财务健康的环境中建立的自信获得更好的生活方式。

我的一个学生有一个非常有趣、奢侈的愿景说明，获得他的许可后，我引用如下：

我永远是个研究人类的学生，计划将交易作为工具，更好地研究人类行为和我自己。我打算运用自己在这方面的技能实现财务自由。

交易计划表：愿景说明

在交易方面，你希望达到什么目的？你希望成为什么？

交易计划的下一张表格包含财务承诺和财务目标，用货币形式描述你的目标。在这里写下你希望赚多少钱。接下来，我将帮你发现自己的期望与现实有多远。这个阶段得现实一点，但也不能廉价出卖自己的梦想。我认为最好的办法就是定下目标，然后用现实来检验。如果通过进一步的学习，你认定最初的目标无法实现，那么就需要调整，把目标定得更现实，看看是否还值得你去追求。如果答案是肯定的，那么你做得很棒，因为你的期待不仅保持在合理范畴，而且还是值得追求的。如果答案是否定的，那么你做的唯一的财务承诺就是这本书的价格。相信我，如果没有适当的准备，进入市场后可能造成的损失是这个书价远不能及的。

要找出交易员的典型回报是多少几乎是不可能的。有个现实的说法，在交易场上，压根儿就没有"典型"的数额。有的交易员每天挣1%-2%，有的交易员一年挣20%，还有的人在亏本。有一件事是肯定的：做出计划，构架达成目标的合理时间结构。书中的交易员访谈会帮助你理解什么数值才是合理的。

在学习的第一阶段，你还得拿出操作费用的预算。填表的时候好好想想。你需要一些交易工具。很可能，现在你还无法搞清楚要什么样的交易工具。先跳过去，继续往下读，以后再回过头来找自己的交易工具和定价方法。

交易计划表：我的财务承诺和目标

我的交易本金是 $ _____

我的目标是每年挣 $ _____，即原始资本的 _____%。我计划在 ____ 个月/年内达成目标。

我计划将支出控制在每月 _____。这些支出包括：

制图软件 _____

扫描软件 _____

书籍 _____

_____

服务订购 _____

听交易员说——耐心的罗杰斯

44岁，住在加拿大不列颠哥伦比亚省，2000年开始通过经纪人操作个别交易，2004年开始全职从事交易工作，通常不会隔夜持有纳斯达克股票。

第二章 掌握交易技巧

我的交易学习很大程度上是建立在痛苦经历之上的。以前我是个彻头彻尾的门外汉，对商业如何运作，交易术语和交易工具一概不知。

之前的工作要求我能很快进入不熟悉的业务领域，在有限的时间内进行评估，找出最佳操作办法，制订项目计划并加以执行。我总是期望能获得比较大的成功。所有工作任务都要求我在压力下根据有限的信息快速做出决定。我曾经认为学习交易应该和学习任何其他新的业务领域差不多，但我错了。

我接触股票是从跟家里人学习公司的基本面分析开始的。大约4年前，我"发现了"图表分析和技术指标，在学习各种技巧和方法中乐此不疲。现在，交易的时候，我还会在意这任何一种交易方法吗？"不会"。大多数情况下，我不知道公司名称，不知道它的市盈率，不知道布林线是否在收窄。我只是根据信号和自己认为有用的信息进行交易。

7个月来，我犯了不少错误，威风扫地。如果我的交易方法结构合理，训练有素，我可能避免绝大部分错误。开始交易几个月后，我看了看自己的业绩，发现正在急剧下滑。我也没有任何计划，不得不停下来，接受这样的事实——我并不知道做交易所需的知识。我加快学习进度，跟着一个经验丰富，很有名气的交易员学了一个月。这次辅导经历加深了我的理解，让我建立了自信，主要是因为现在我正在执行自己的交易计划，可以"总揽全局"。执行交易计划后的几个月，我学到了经验，而且真正在享受交易带来的精神挑战。

可以说，每天我都进行步调一致的交易，持续了五个月，我的账户金额不断上升。尽管也有下挫的时候，但我也坦然接受，因为这也是交易的一部分。

刚开始的时候，我并不知道什么是小盘股，我操作的都是

1000股的交易，但并没有持续多久。很快，我发现自己的风险承受能力在500股左右的样子，而且几乎无法承受更大的风险。这是我的舒适线。想体验试试，或锻炼某项交易技巧的时候，我也做100股的交易，看看面对这么少的股票，自己的交易水平如何。我喜欢发现新的交易技巧，加以训练，直到可以运用自如，然后再决定是否将其纳入自己的交易计划。

最初的失败让每位交易员都暂时停了下来，记住并回顾一次次的惨痛经历。我怀疑自己在学习交易时漏了很多东西。很早我就决定把损失看成交易培训，看成快速提升水平的学费。然而我的苦恼是自己并没有止损，因为我认为自己知道这只股票接下来的走势。

直到有一天，听到指导老师给我的评论后，我才恍然大悟，将交易作为一个职业来对待。我觉醒了。今天，对于一个缺乏计划的交易，我能接受的损失大约在15至25美分之间。

我有一个和自己的交易品位和风险承受能力十分吻合的交易计划。刚入门时，我总在寻找自己可以按部就班的公式、指标或计划。骨子里我就是个一板一眼的人，没有确定的交易方法就会心慌。第2个月到第3个月的时候，我的交易计划得到改进。随着时间的推移，我也进行反复提炼。一旦计划制订好了，对待交易，我的情绪就不再起伏不定，我解放了，形成了结构性强、系统的行为方法。交易的连贯性也不断增强。

我本身并没有定义自己的交易理念，但我有一套不成文的信念，那就是：

在你警觉，有时间为交易任务奉献自己的时候从事交易。交易时不要分心，不要三心二意。你是在学知识。

都取决于你自己。不要随便用别人的方式交易。如果没有形成自己的竞争力，你就会失败。

不要过多地回想低谷期。知道一天达成了交易目标就要满足，即使还是上午 10：30，也要立马收手。

头脑中绝对清楚为什么进场，何时退场。

不懂就问。不懂装懂会赔钱。

如果股票的走势和我们的预期不一样，我们就会垂头丧气。如果股票突然间暴涨或暴跌，让你头脑一片混乱，你会真的感到恐慌。这时你得按自己的计划规范做出反应，采取行动。

重新审视自己看市场的方法后，我做了如下总结：我看了股票行情显示器，在脑中把各种波动结合起来。我只会看趋势，但不知道如何来描述。

我无法承受太大的风险。抢帽子让我有最干净的交易、最高的回报率。我进场、退场，然后继续下一个交易。

刚开始做股票的时候，我只看股票什么时候上涨，什么时候成交量放大，其他人买的时候我也买，其他人卖的时候我也卖。我不做买空卖空的股票，因为自己本身不喜欢这种交易类型。指导老师很好，和我一起坚持，帮我突破做空的心理障碍。现在，如果有足够的空间，我会在股票上涨时做多和股票下跌时做空之间来回切换。有时候，我会用这种方法在一个交易日操作一只股票。

我从不认为自己是个有闯劲的交易员。我本能地避开和我的个性不符的股票，例如当日影响力大的"热门股"。我摇摇头，从他们中间走出去。我想，这是因为我的脑袋已经全副武装，避免采用过于激进的交易方法，而遵循安全的操作。

我每天都在学习风险管理。开始做股票的时候我面对的一种恐惧就是跟风。如果我无法管理风险，会发生什么？我认为自己在这种担心中耗费了大量精力。我了解到，学习和经验可以帮助我应对这种恐惧。2004 年春末我开始全职炒股或许并不是开始这个新职业的最佳时机，但我怀疑世界上是否有真正的好时机，或坏时机，因为你仍然得学经验，在任何时候都要学习如何做一名交易员。大多数时候，如果你不再感到不确定，并按照自己的计划行动，那么做股票的压力并不大。我在选择进场的时候自律性越强，就越能帮助自己加强风险控制。

就像以交易为生的单亲妈妈要养活四个孩子。我把风险控制看成最重要的因素，这样才能确保我仍然可以继续从事交易，可以养活我的家人。

我希望自己可以一直从事股票交易。为此，我需要对交易资金进行风险管理，确保自己总体上盈利。如果我继续这样做，成为一名成熟的交易员，我希望在想退休的时候，可以把股票交易当作一份兼职工作。只要我还想工作，就可以在家里工作，而且工作时间灵活。

每天早上我坐在电脑前开始工作的时候，内心深处我对自己说"我对今天一无所知"，看看今天我能学到什么。

刚开始拜师炒股的时候，我希望通过模拟炒股达到卓越的水平。那几年我总看财经网站，看CNBC（美国全国广播公司财经频道），为了退休金学点长期投资的知识，同时还关注当前的市场形势。我看看周围可以利用的资源，参加了在线的交易"大学"课程，就是和其他新股民坐在宾馆的会议室里学习，或者加入在线交易室。我把在线交易室作为最能解燃眉之急、最方便的学习途径。

开始，我试了试波段交易，但发现这种隔夜的交易让我不舒服。后来，我转向当日冲销，还找到了这么一个社区，把自己真实的交易盈利和亏损都贴上去，每天都对自己的交易员成员进行教育。就是在这个社区，我找到了一位指导老师，他花了一个月的时间耐心地和我一起操作我的每笔交易，回答我这样那样的入门级问题，塑造我，让我自己思考，消化吸收他教我的东西。这个月我读了大量股票交易方面的书，编写我的学习笔记和问题，以便第二天问老师，就像在大学里为了考试那样学习。我特意用学生的心态学习新知识。

我想说，作为新股民，能和其他人在交易室里交流是很幸运的。有些人在学习股票交易中获得了成功或成就，用适合自己的特定风格进行交易。看到大家相互支持，相互感激，我特别享受。

总结后，我决定放弃持续了 26 年之久的职业。这份职业带给我的工作量不断增加，我的压力不断增大，还不断面临裁员的困境。干这种提供手机和工作站的电子类工作，我完全听命于老板，随叫随到。我知道他们希望我可以承受更大的工作量，但我却看着工作的安全感慢慢消失。最后，我认识到，工作和家庭生活的界限已经变得模糊不清，我的工作时间不会减少。

把股票交易作为职业后，我感觉自己可以控制周围的环境。我是自给自足的、独立的、自主的，不受命于其他人。每天早晨我都对自己的工作充满了新的期待。我知道自己的积极性更高，更好地安排了自己的生活。即使谦虚点说，我也正在体验个人的成功，而且每天都有成就感。如果工作是做你喜欢做的事，那就不单是工作。这是真的。

第三章　交易理念

问题，还是问题

很多交易员开始股票交易这个职业时并没有对交易的各方面确定特定的交易方法。那些在股市的惊涛骇浪中生还的交易员在多年的交易实践中总结出一些带有普遍性的办法，形成了一套范例。这是从痛苦的经历和仔细观察中得来的，是学习股票交易的时候一般采用的方法。没有经验和知识储备怎么能形成看待事物的特定方式呢？这听起来符合逻辑，然而，现实中，这种想法让交易员在没有地图的时候就草率地冲锋陷阵。如此一来，交易员没有和自己行为相符的一套标准，甚至连有哪些标准都不知道，自己的"地图"有几个部分也不清楚。我坚持认为，交易员在开始交易之前，应该从大局上考虑自己的交易方法。这并不是日后调整或改变交易方法的问题，而是模式转移的一般过程。交易员认识到市场的现实状况和自己的真实个性后，自然会调整，但有些东西首先就得调整。我认为这种方法就像在出发前先拼出一张鸟瞰图。当然你会对自己最初创建的图进行很多调整，补充不少具体细节。在你看到真正的全况后，可能还得对交易图的主体部分进行修改，但没有地图就走路要危险得多，也难以达到预期效果。

设计交易理念的过程中，你要回答下面的问题：

- 什么是股价变化背后的推动力？
- 什么是真实的市场？
- 市场有确定性吗？
- 什么是亏损？可以避免吗？
- 我该怎样处理风险？
- 赌博和股票交易的区别是什么？
- 根据市场的运动，我该做哪些交易？
- 我的闯劲多强烈才算合适？

这部分我们还将继续回顾这些概念。你在思考这些概念，形成自己的认识的时候，也就塑造了定义整个交易方法的"壳"。这些问题中，有些没有确切的答案，你得听从自己的内心，找到对你真正管用的东西。记住，股票交易是个高度个性化的工作，在方法上没有对与错。每位交易员都有属于自己的交易方法。要是告诉别人突破时交易比回撤时交易要好，就像在说经营餐馆要比经营加油站好。对有些问题，交易界在过去的历史进程中已经作了回答。我们的目的是理解这些答案，并将其融入到自己的交易计划中。

是什么在推动市场？

这个问题有两种明显的分析方法：基本面分析和技术分析。我们在《交易心理》部分再详细讨论每种方法所需的心理素质。《创建自己的交易体系》会告诉你如何根据这个选择建立自己的体系，《交易工具》会告诉你做出交易决定时该使用什么。哪种方法更吸引你？这个选择很重要。

从基本面分析的角度看，价值决定价格。这种分析方法忽视当前价格水平和符合价值的价格之间的所有波动，因为崇尚基本面分析的交易员认为这些波动仅仅是噪音。基本面分析本质上看重公司的相关消息，买入市场价格低于真实价值的股票，其核心是认为市场最终会认可真实价值，价格会重现"公平"。进场的时间并不是很重要，目标达成前交割的唯一原因是故事改变了，从而影响了公平价值。很明显，这种方法对耐心的要求极高，因为市场要达到交易员认为合理的价格可能得花几个月甚至几年的时间。通常使用基本面分析的交易员做的是长线交易。这还涉及到耐力的问题，因为价格经常波动。如果选用这种交易风格，你得研究公司和行业相关的数据。

从技术分析的角度看，预测价值决定价格。这意味着交易员并不太关心股票的公平价值，而关心大多数市场参与者是如何预测公平价值的。买和卖对价格产生影响，投资者的预测是推动力。这才是中心思想。预测的对错没有关系，重要的是，当投资者根据预测行动的时候，价格会发生波动。换言之，**这类交易员买卖的并不是股票本身，而是其他投资者**。交易员按照自己对其他交易者心理的判断做出决定。对这类交易员来说，20美元的股票是否值100美元无关紧要，重要的是，是否大多数交易员也相信这个价值。如果他看到了信号，就会做多，这类交易员买卖的是开发他人购买的行为。交易员运用解读市场的一些特定方法（我们在《创建交易体系》中讨论）来解读其他市场参与者的动机。

对这两种分析方法的选择实际上会影响交易的各个方面——时间结构、解读方法、风险控制方法——所有方面会在《创建交易体系》中详细讨论。现在，我们来建立这些联系吧！

这和交易员想要操作的时间结构紧密相关。基本面分析通常需要更长的时间，而技术分析可以发生在任何时间段，可以是几分钟甚至几秒钟以内的抢帽子。按照这个思路，股票迟早会到达你的目标价格——只要你的推理是正确的。现在，我们来看更短的时间内发生了些什么。如果某公司早上公布了利好消息，比如一个大订单，价格会拉高。一段波动后就会停下来、回撤。很明显，这段时间消息并没有改变，只是投资者开始参与，进场退场，获得利润、停止交易，管理交易，影响价格。这就是用基本面分析的交易员所说的噪音，对他们来说，这些都是没有意义的行为。然而，对解读这类波动在短时间内交易的人来说，这是很有利用价值的。我们在《创建交易体系》中讨论选择时间结构的时候再从另一个角度来看这个问题。

我们来看看，这个选择对**阅读方法**的影响有多大。如果你崇尚基本面分析，就要用相应的工具解读市场，就要分析公司的相关消息、部门、行业发展情况和一般市场环境。有市场参与者发表见解的时候，你只要等待就行了，看看市场是认可你对一个公司价值的看法，还是证明你的看法错误。如果你崇尚技术分析，就得运用各种工具，主要目标是解读其他市场参与者的反应。和看公司报告不同，你得看，得分析不少图表。再提醒一遍，这些会在《创建交易体系》部分进行进一步分析。

最后，风险控制方法也受制于这个选择。第一个问题就是：**哪些迹象说明判断错了？** 这个定义很重要，因为各种事件都需要你做出反应。如果你用的是基本面分析方法，判断出错的迹象就是公司的相关消息变了：公司的产品丧失了市场份额，药品未获得食品药物管理局的批准，不利的财务形势——这时，你要退场或减持，以便控制风险。如果你运用的是技术分析，出现某些价格活动，你就要平仓。你根据自己看到的图表走势，以及表明"市场并不认同你的看法"的价格行为来设定自己的"风险承受点"。

第二个问题是：**怎样管理风险？**你得认识到关键的一点：你在股市里混的时间越长，就越有可能遇见不顺的情况。坏消息、错失的赚钱机会、分析师的降级、地缘政治事件——都可以让价格急剧下跌。这意味着，如果你用的是基本面分析，那么风险控制的主要武器就是分散买入。不要把鸡蛋放在一个篮子里就可以在某种程度上保证安全。如果你用的是技术分析，那么就得缩短时间结构。这时候分散投资就没有多大意义了，而止损作为风险控制工具的作用则会增强。对于帽客（短线交易员中的极品）来说，分散买入没有实际意义；设定止损点，严格执行才是成功的关键。

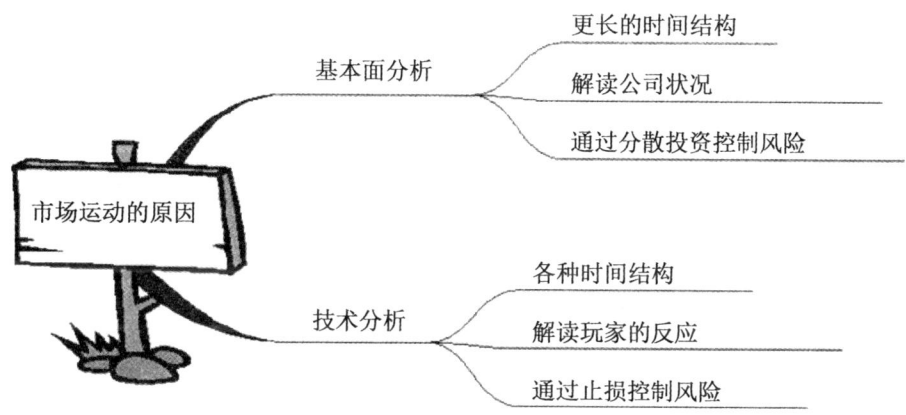

图 3-1　市场运动原因的思维导图

> 在基本面分析和技术分析方法之间做选择的时候，记住，这并不是"非此即彼"的选择。技术分析的交易员可能在根据图表做决定前确认基本面的一些情况；基本面分析的交易员可以，也应该经常关注各种图表，来计算自己进场、退场的时间。两种方法的结合开阔了交易者的视野。

什么是市场的真相？

对交易员来说，这是个基本问题。如果对每个交易员用绝对的、普遍的标准来衡量，市场就只有一种客观、可度量的真相，也就没有必要用这么多不同的方法来解读市场了。按照这个逻辑推理，市场也就不会出现价格变化了。然而，股票价格永远在变化，其原因正是市场参与者对股票的公平价值存在不同意见。玩家有着不同的标准、意见和目的，通过展开影响价格的交易进行互动。每次交易总是一方要买，一方要卖。这意味着，要发生一次交易，必须存在对未来价格走势的不同意见。如果没有这种不同意见，就没有交易可言。所以，我们得清醒地认识到，市场压根儿就没有对所有交易员都适用的单一真相。每位市场参与者都有自己的真相，并以此为基础做出交易决定。交易员的真相就是他们的地图，可以带领他们朝特区前进。市场运动与交易员的计划越接近，交易员的地图就越靠近特区。那么，什么是特区呢？其实就是市场运动本身。价格运动是股市里所有问题的最终答案。这是绝对的终极真相，反映了其运动过程。你可能对一家公司的基本面看准了，但如果大多数玩家不同意你的观点，打压价格，那么就算正确读懂基本面也无法帮助你赚钱。

正如大家一直争论的最佳交易员杰西·利弗莫尔在爱德温·李费佛的书《股票大作手回忆录》中所言："我的工作就是交易，也就是说，我得坚持自己面前的真相，而不是我认为其他人应该做的事。"

这种情况下，对于交易员的绝对事实就是价格的运动情况。这与他认为的股票走势并不一致。有没有可能出现这种情况：你对了，但市场错了？这个问题本身就是个悖论，市场是不会错的，就像海浪会把你的救生筏推向你不愿意去的方向。市场我行我素，没有对错可言，而你作为交易员就是要利用市场行为，而不是跟市场对着干。

你建立自己的"地图"，自己的真相，就是听从市场信号，跟随市场脚步前进的过程。为什么理解这一点如此重要？因为你将成为一名有地图的交易员，你的地图可能与其他人的一样，可能正确，也可能错误。马克·道格拉斯在《自律的交易者》这本书中说过："市场从来不会出错，只是做它该做的事。所以，你作为一名和市场互动的交易员，得面对这样的现实——要出错也是你出错了，市场是不会出错的。你得决定什么事更重要——做对的事，还是赚钱——因为两者并非总是步调一致，并非总是兼容的。"

市场存在着各种现实，自然把我们引向另一个问题：

市场有确定性吗？

如果前文说的所有道理现在都成了你内心深刻的信念，回答这个问题的时候，你会毫不犹豫地说得震天响"不"。想一想，如果价格变化是大量玩家集体行动的结果，那么，要确认下一步会发生什么，你得知道所有行动的目的。很明显，这是不可能的。在一定程度上解读一部分目的是可能的，而且你的这种技能越精湛，就越能读懂市场的真相。不过，完全了解市场是永远不可能的。

即使某个时刻你了解所有市场参与者当下的所有目的，这些目的也会随着价格的变动而变化。更糟的是，与市场一点关系也没有的新目的也会发生作用。比如，一个大玩家决定重新分配自己的资金，把股票全部卖出，然后把钱投入另一只股票，结果价格只是在这名市场参与者的做空压力下发生变动，而并没有任何其他市场相关的原因。

这里有个重要的结论，市场不是在确定的环境中运动，而是在诸多可能性中运动。如果你的解读正确，你的地图就和特区更靠近了，赢的可能性更高。如果你解读的市场和市场真相相去甚远，输的机会就更多。然而，不管你对市场的解读有多准确，总有损失的可能。不管架构有多完美，总是有可能一败涂地。即使你做对了所有的事，还是有可能做砸交易。不管你的时间结构如何，就算你做的一切都完全遵守了自己正确的原则，还是有可能在任何时候输掉交易。不管交易员多有能耐，没有任何一个人可以赢得百分之百的交易，或对任何交易的结果有百分之百的信心。正是那些经常发生的事件决定总体上的输赢。如果把交易员的心理素质考虑进去，上面的情况也可能产生不同的结果。在《交易心理》部分我们再来讨论这个话题。现在我们已经建立了自己的交易理念，自然可以为下面的问题给出答案了：

什么是损失？可以避免吗？

对许多交易员来说，损失意味着错误的市场解读、糟糕的交易、错误的决定，甚至是个人操纵的结果。这些都可能发生，不过，你的技艺更加成熟后，对市场的解读会更好，做决定时考虑的因素也更为全面。而且，正如我们前面看到的，损失可以发生在交易员成长的任何时期。所以，区分两种不同的损失很重要。

第一种损失是错误的决定引起的。我们必须从这种损失中学习。如果一次损失教会了你一些东西，那么就不单单是损失，还是学费。如果你不断犯同样的错误，那就是个彻头彻尾的损失，因为你没有从中吸取教训。实际上，有些损失是交易员学到的最宝贵的教训，因为传递了很有价值的信息。对很多交易员来说正是如此，当然对我来说也一样。我在自己的《盘口解读技术》一书中谈论过。

第二种损失是市场的不确定性导致的。这意味着你做的每件事都对，但最后还是输掉了交易。你的架构没错，交易的所有标准也都符合，但交易还是亏了。我们应该把这种损失看作交易的一种可能性。一名经验丰富的交易员拥有自己久经验证的方法，就只顾拼命工作，因为他知道自己的系统从长远来看是有用的。即使遭受了一系列损失，交易员还是很清楚，那只是区间损失，并不是交易模式出了问题。如果交易员真的遭受了一系列的损失，通常有必要做些特别的修正。这些我们将在本书的后续章节讨论。这里你要记住的是，如果某个架构中发生了损失，不必改变自己的整套方法，不必学习不同的交易体系，也不必变换交易工具。

怎样分辨一只股票呢？一开始这并不容易。对于新交易员来说，遭受第一种损失的可能性更大。随着交易员经验和知识的不断增长，他会明白哪些损失是"自作自受"，哪些是市场的不确定性导致的。

让我们看看下一个要确认的要素。如果损失是无法避免的，那么，为了生存，为了赚钱，我们得确保没有什么损失能让我们出局。这自然引出了下面的问题：

怎样对待风险？

我们已经看到，风险是交易附带的，是交易的组成部分。认识到这点很重要，因为如果没有风险，就没有任何回报。在风险和潜在回报之间有种平衡。最具风险的进场通常是最好的机会，股票市场很像一个折现机器。这是交易的另一个关键基础，我们再深入点儿来看这个观点。

很多关于交易的书都会提到这个话题，只是形式不一样罢了。买进的最佳时机就是一只股票最低迷的时候，出现利空消息，降级，前景最黯淡。卖出的最佳时机是股票有乐观推测上涨的时候，出现利好消息，升级，前景明朗。市场就是这样，因为所有利空消息都出来的时候，每个人都知道事态不好。实践中，这意味着每个能卖出的人都已经卖出了。再没有人可以卖出的时候，意味着股票价格已经触底了，无法再下跌，只能上升，原因很简单，因为卖出的压力已经不存在了。我们现在不是在谈论什么公司破产之类的极端案例。买进承接就从这个点开始，最开始买入的是那些理解这个规律的投资者。我们通常把这些玩家叫做主力。随着股票不断升值，买入的行为受到了更广泛的关注，更多的市场参与者参与进来。最后，在某个点来了利好消息。这是股票价格达到顶点的时候，也是最后一拨参与者买这只股票的时候——猜猜是谁买了？当然，是那些在触底的时候，前景最黯淡的时候承接的人。前景很明朗的时候，主力将股票出售给来晚了的大众，意味着价格到顶了。这种情况会自动循环，但现在方向截然相反：股票价格下跌，因为再也没有买家了，价格没有上升的空间，只能下跌。

当然，我确实把事情说得过于简单了点儿，现实中有很多变化形式。不过，这就是真相，是主力和散户博弈的基本原则，同样还反映了市场是折现机器的特点：等到每个人都知道利好消息的时候，要采取行动通常太晚了。这告诉我们风险和回报是同一个行为的两个方面。只有发现了风险最大的时候，你才能发挥最大的杠杆作用。我们说发现是因为这才是最安全的时刻。这就是贾斯汀·马密斯在他的书《风险的本性》中说的："因为市场具有前瞻性，等你知道的越多就越晚，你进入得越晚，风险就越大。基于利好消息做多（或基于利空消息做空）一点儿也不安全。所以说，所有消息对价格趋势都有消极的偏见。"

这是在告诉你，关于交易中的风险，你还有很多要学，要理解。建立自己的交易理念，你得融合自己对风险的态度和对交易机制的理解——因为风险是交易中你要面对的，也是经常需要处理的。

现在，既然我们已经理解了市场是个不确定的环境，风险一直都存在，我们得回答下面的问题了：

鲁莽赌博和交易的区别？

简单的答案就是风险控制。这个"区别"就是我们如何应对风险控制的问题。我们在前面讨论过：如何确保一次损失，或一连串损失不至于把我们踢出局。崇尚基本面分析的交易员应该采用分散投资的策略，崇尚技术分析的交易员应该使用止损单，对于每笔交易，我们都应该把基本面分析和技术分析结合起来。这样，我们在交易情况恶化的时候可以保证交易员的生存。关于这点，我们在《建立交易体系》部分再进行深入讨论。我们已经形成了基本理念，现在来说一说风险控制的主要原则：

及时止损才能防止情况恶化。

前面我们列出了退场的原因。对基本面分析的交易员来说，公司的相关消息变了，或者技术分析的交易员发现价格向下突破了支撑位——这些迹象都表明要结束这笔交易了。下面，我们来讨论这个观点是如何应用在实践中的。

我们已经讨论了风险的整条关系链，现在还得做个决定，以便形成自己的一般交易方法：

我该根据市场运动交易什么呢？

市场有时处于趋势之中，有时处于区间之中，这需要运用不同的办法。很少有交易者对这两种情况都能游刃有余。即使单在区间或趋势中,还是有很多不同的交易方法。这是交易理念的一部分。随着交易经验的积累,交易方法肯定是要改变,要调整的。实际上,新入门者无从知晓哪种方法更适合自己。只有在交易实践中,你才能感觉到哪种市场运动适合自己的交易风格。尽管如此,在一开始就理解两者的区别并做出决定是非常重要的。记住,这是实战经验。以后你就会知道自己对自己的选择有多满意了。这样,你可以积累有意义的经验,可以理解自己的交易方法中哪些部分需要改变,需要调整。随着学习的不断深入,你总有一天能够区分市场运动的不同种类,并运用相应的方法进行操作。

我们来给区间和趋势下定义,看看两种情况分别有哪些基本原则。

区间是价格峰位和谷底几乎不变的一种市场运动。在区间内交易要求运用经典的交易原则"逢低介入,逢高派发"。只要股票在一个区间内运动就可以运用这个原则。一旦区间被打破,冲破峰位或跌破谷底,这个交易就该结束了。

下面的例子(图 3-2)中,股票价格在 19 至 20 美元的区间内波动。如果要做多,交易员会在支撑位附近买入,即区间的下限,而在压力位附近卖出,即区间的上限。止损点设定在下限之下,一旦跌到止损点就果断退场。这个例子中,之所以没有退场是因为价格始终在支撑位和压力位之间波动。一旦支撑位被打破,就再也没有理由不退场了。

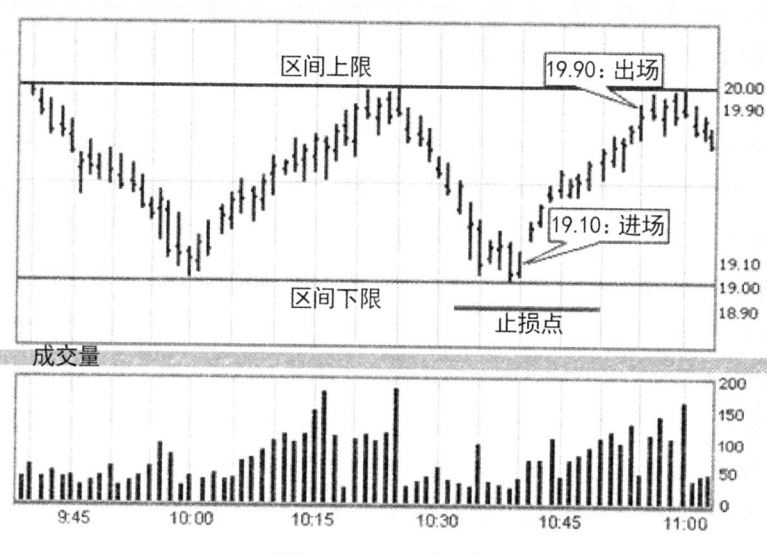

图 3-2　区间内交易

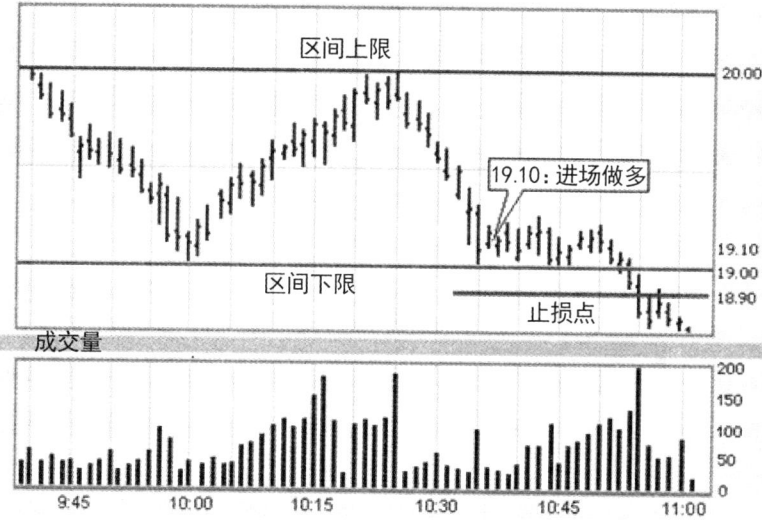

图 3-3　区间的止损点设置

很明显，如果要做空，交易员会在压力位附近做空，在支撑位附近回补。这时候的止损点就在区间的上限之上。

趋势是方向明确的市场运动，有两种不言自明的趋势：上升趋势和下降趋势。

上升趋势指逐步抬高高点和逐步抬高低点的运动。

下降趋势指逐步降低高点和逐步降低低点的运动。下面，我们来举些上升趋势的例子。所谈论的所有知识和下降趋势是相同的，只是方向相反罢了。

交易者在趋势中交易，比在区间中交易有更多的选择。首先，你得决定自己要做**趋势投资者**还是想捕捉**趋势反转**的时机。

趋势投资者追随趋势，努力利用趋势。对他们来说，交易是因为价格会创新高而支撑位不会被突破。在价格向上攀升的过程中，股票会形成新的支撑位。因此，打破任何这种支撑位都可以是结束交易的理由。下面两个例子就说明了这个观点。两者都处于上升趋势，唯一的不同在于，第一个例子（图3-4）中价格触及支撑线马上反弹，而第二个例子（图3-5）中没有明显的回调，价格只是在创新高之前震荡整理。在上升趋势中交易的时候，交易员应该坚持"逢低介入，逢高派发"的原则。在下降趋势中交易的时候，应该是"逢低做空，更低时回补"。现实存在高位买入的不同操作，你可以在新的高位买入，也可以在回调的时候买入。这点我们在后面讨论。

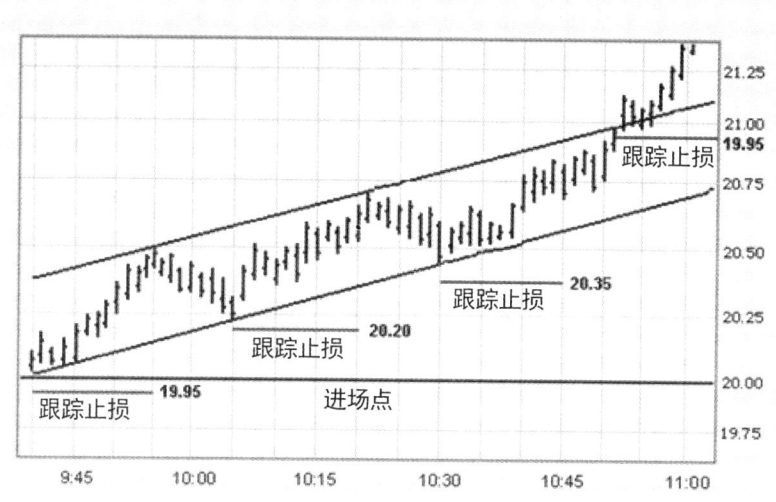

图 3-4 带回调的上升趋势

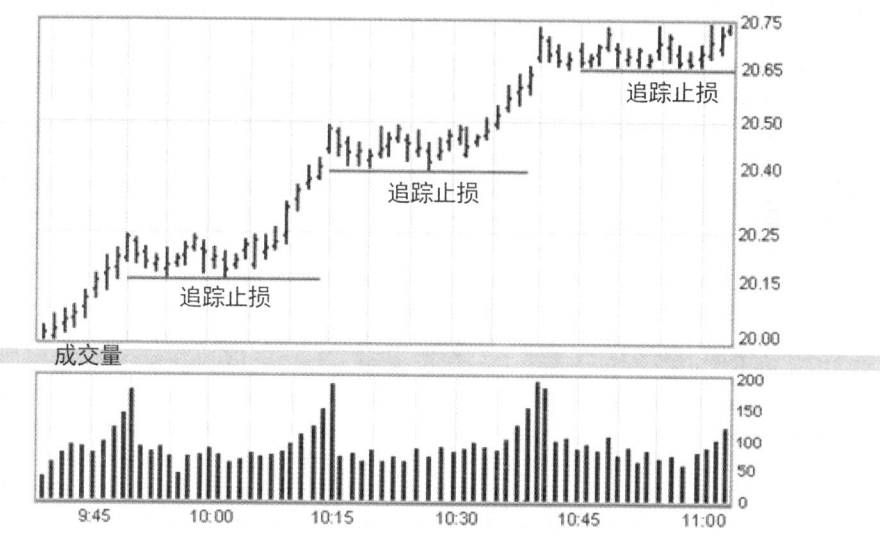

图 3-5 带整理的上升趋势

趋势反转的交易员通常也叫做抄底的玩家，总是在寻找已经卖空，方向改变的点。

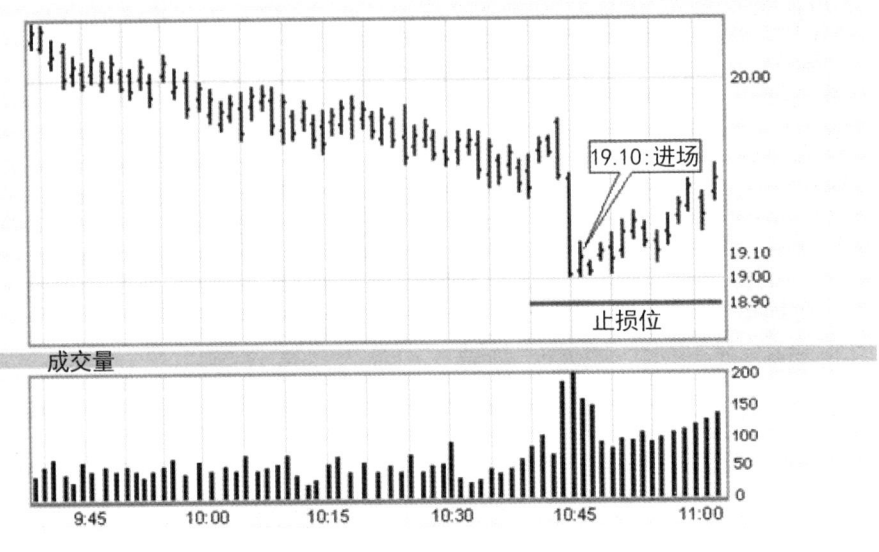

图 3-6　趋势反转

这个例子（图 3-6）中，反转交易的原理就是假设价格已经跌到了谷底了，趋势将要反转。因此，初始反弹后的任何新低都使得这一交易的假设不复存在，止损点也就在上一个支撑位之下。

这个时候做决定，你要清楚在反转的时候交易风险非常大，要求具有丰富的操作经验。对交易新手来说，并不建议一开始就尝试这个方法。如果你硬要一试，记住止损的作用更为强大。抄底也被称作"接住下落的刀子"，就是这个原因。

有了前面的基础知识，你将学习帮助自己在每种交易中找到进场点的工具。在这个阶段，如果你发现有些工具对自己更有吸引力，你很有可能会改变自己当初的决定。现在自己选吧，也为后面的改变做好准备。

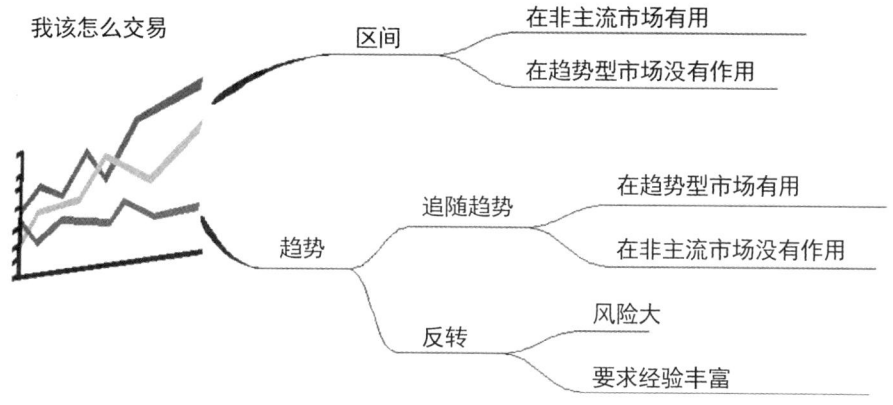

图 3-7 运动类型选择的思维导图

问答整理

问：

市场上有哪些交易类型？有股票、期货、货币、商品，还有很多很多。我怎么判断哪种交易最好呢？它们各有什么优缺点？

答：

讨论之前，我们先把货币、基金、商品剔除。这些都属于特殊市场，并不是无法交易。在你交易生涯的某个时刻，很可能对这些市场感兴趣，但我建议你从经典的证券市场开始。这些市场的技术比较先进，有稳固的知识基础和经验基础，有很多材料可供学习。我们接下来要专注于股票和股指期货。

股指期货反映了相关市场的运动：标准普尔指数、道指或纳斯达克指数。在实际操作上，股指期货的交易与股票非常相似，而且相较于期货有不少优点，比如，投资者没有必要了解某只股票的各个方面，他们用固定利差交易，只需专注于一个点就行。股指期货的流动性很大，随着经验的积累，你增大自己的交易规模会更加容易。另一方面,市场进入窄幅波动区间,或采用与你的交易体系不协调的其他方式交易时,你可能可以找到一只对你有利的股票。因为很多经纪人允许用同一个账户交易证券和期货,我建议你两个都做,不过,如果你更喜欢专注一个方面,那也很好。注意,股票涉及的变化更多。下面我们谈到最多的就是股票了。

问:

如何在纳斯达克和纽交所之间选择?有什么偏好吗?

答:

最近情况发生了变化,很难说这些变化在不久的将来会产生怎样的影响。某种意义上说,它们是不同的市场。纳斯达克是个公平竞争的市场,所有人都为自己交易,没有人去操纵事态的发展。纽交所则有专家对付交易员的现象,从某种程度上说是控制他们。在纳斯达克板块,指令自动发出,快速执行。你的时间结构越长,这个价差的重要性就越弱。我个人建议在纳斯达克板块交易。不管怎样,自己做选择,不要受此影响。

做这个选择,最后还要看你的进取心有多强。我们回想一下先前讨论过的风险和回报平衡的问题。进取程度也有类似的平衡问题。追随趋势的方法通常会涉及到针对突破的交易,下面我们会举个针对突破交易的例子来说明进取心的问题。首先,来看看什么是突破。

这个例子(图3-8)中,股票在支撑位和压力位之间整理。突破压力位的信号开始出现,产生了上升趋势。和区间交易者不同,趋势投资者会等待这种突破,以便进场做多。这个个案中,止损点设在25美分——突破支撑位就意味着要结束交易了。这是突破的总体概念。

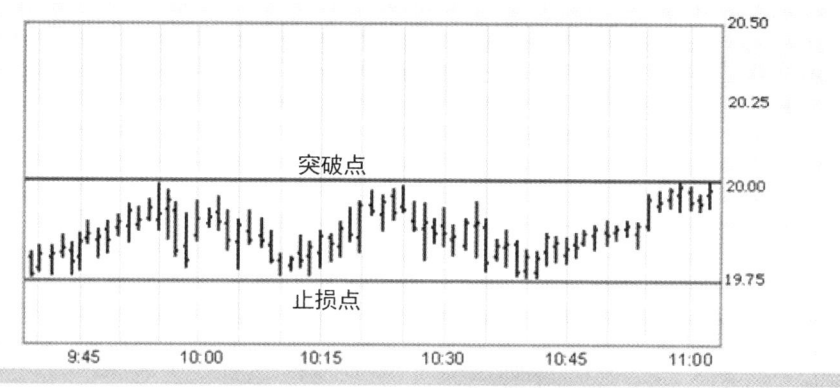

图 3-8 突破架构

现在,我们从进取心的角度来看看进场交易的不同方式。入市交易有三种方式:正规型、积极型和保守型。

正规型进场是最直接的,就是在突破形成的时候进场,比如上例的 20 美元这个点。从这个意义上说,规则入场基本上是"主流",大多数交易员以此作为开始交易尝试的基本方式,也意味着一进场就要和别人争抢股票(图 3-9)。

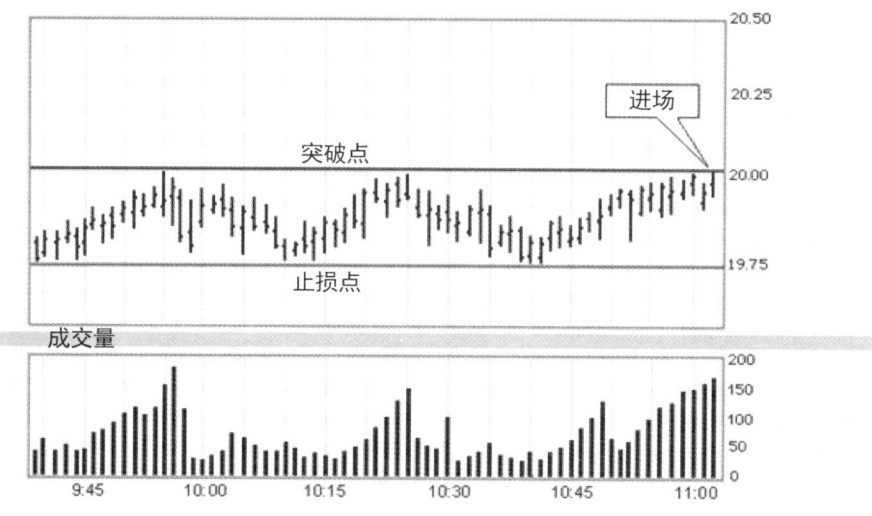

图 3-9 正规型进场

积极型进场指你提前开始自己的交易,期待将来出现突破行情。

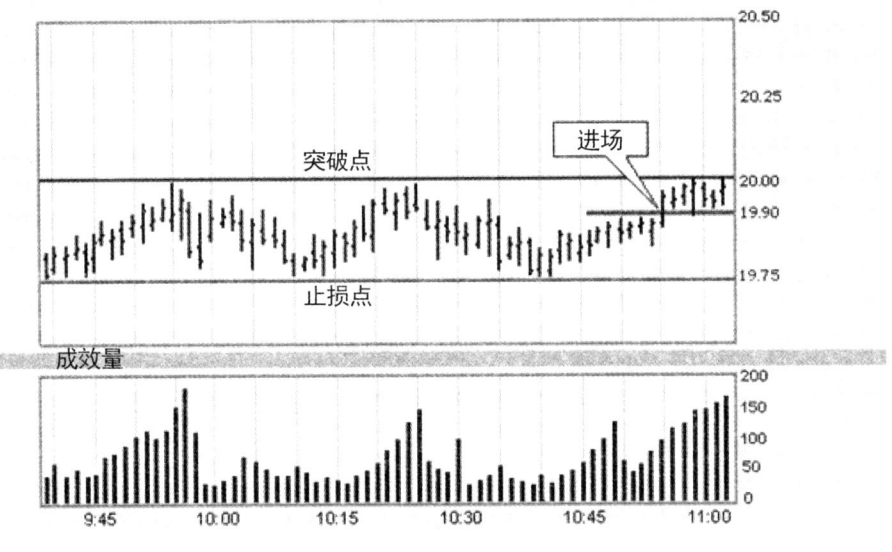

图 3-10　积极型进场

上面的个案(图 3-10)中,投资者正准备在低于突破点 10 美分的时候进场。优势很明显:止损更严格,利润空间更大,抢购股票的情况也没有那么激烈。缺点是,就像我们先前引用的贾斯汀·马密斯的例子,我们对突破的信心不强。换句话说,你不太确定最后是否会发生突破,但如果发生了,回报很丰厚,而且就算没有发生突破,损失也比较少。

保守型进场发生在突破后,因为投资者希望突破后发生回调。

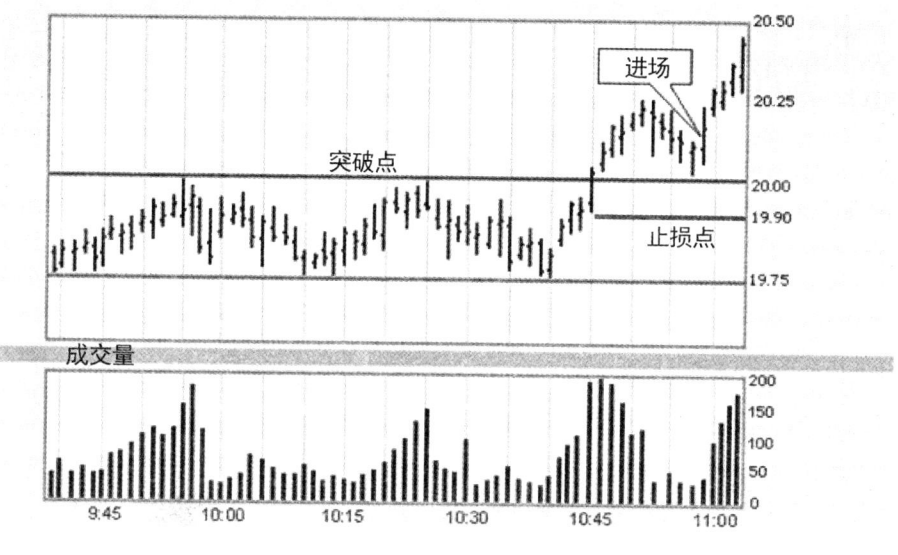

图 3-11　保守型进场

这个例子（图 3-11）中，投资者对突破点并不十分在意，而是等着看价格是否回调，和原先的压力位形成新的支撑位。之所以用这个方法是因为投资者认为如果突破是合理的，那么价格不会比原先的突破位低太多。正如图 3-11 所示，用这个方法把止损点设置在新的支撑位之下（如果价格突破了这个支撑位，就找不到继续交易的理由了）。这个方法的优势在于投资者对突破有更强的信心，抢购股票的情况也不会太激烈。缺点是如果股票再也不回调，那么投资者就会错过所有的交易，进场的价格也不如前两例中的低。

不同的方法也可以应用在趋势反转上。例如，期待反转的积极型进场可能在卖出一停止马上就开始交易了；规则型进场可能发生在第一次报升的时候；保守型可能会静观股价攀升，等待回调，如果没有出现新的低点就进场。我们把三种交易方式都放在同一张图里，来清楚地看看它们之间的区别。

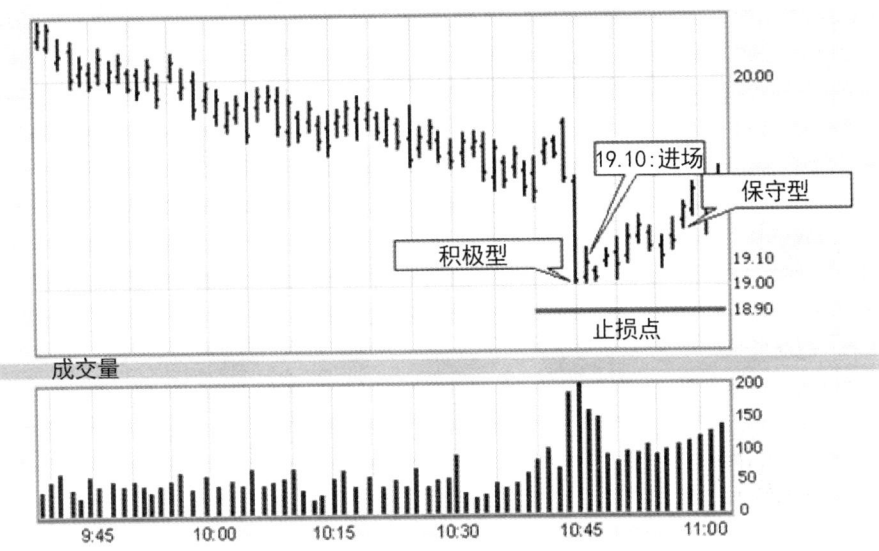

图 3-12 反转交易中的不同进场方式

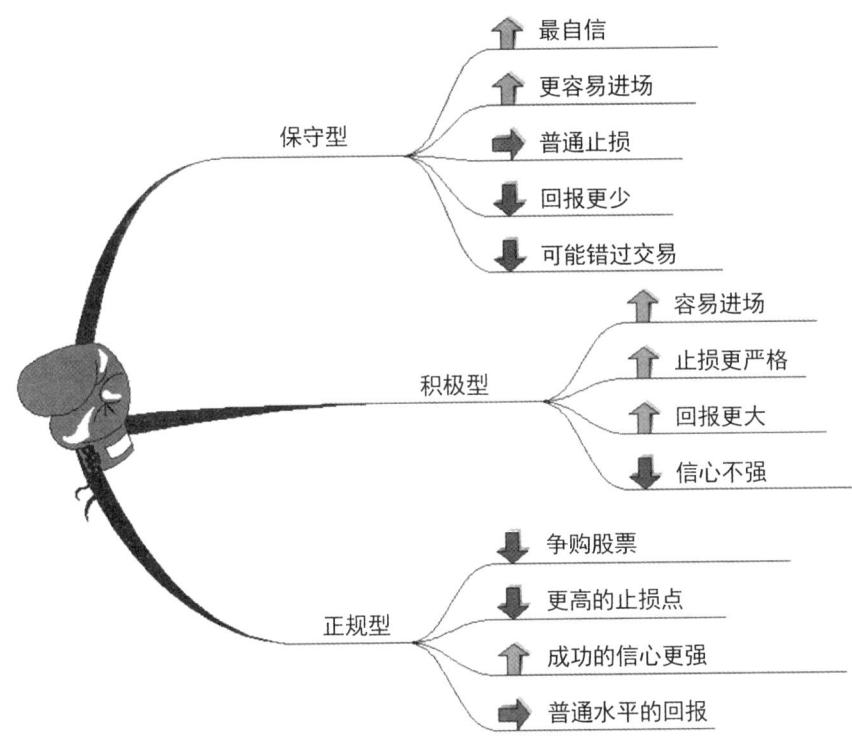

图 3-13 不同进取程度的思维导图

我们已经讲完了交易理念的主要因素，现在都总结在下面的思维导图里（图 3-14），并建立我们原来说过的联系。

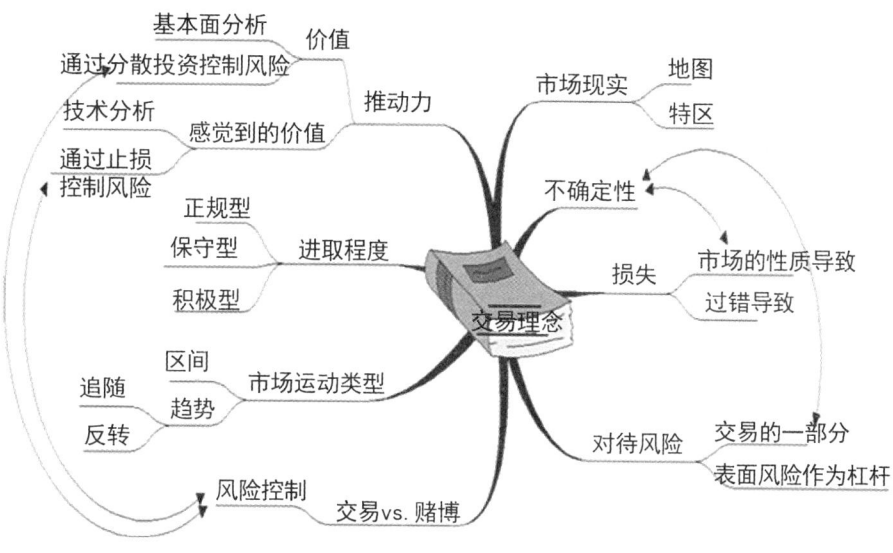

图 3-14　交易理念

交易理念的资源

http：//www.realitytrader.com/Tapereading.asp#dual

http：//www.realitytrader.com/Tapereading.asp#philosophy

交易计划

这个阶段，你要制订自己的部分交易计划，描述一下你选择的交易理念。

交易计划表：我的交易理念

按照我选择的方法，市场行为由 _____ 决定。

对我来说最重要的市场真相就是价格波动。我从不认为市场会出错，市场总是充满各种可能性，从来没有百分之百确定的时候。损失无法避免，本来就是交易的一部分。

有些损失完全是市场的不确定性造成的，有些是教训。学会区分两者很重要。我要吸取损失带来的教训。

风险绝对是交易的组成部分，因为如果没有风险就没有回报。我接受风险，感谢风险为我带来了机会。

风险控制就是把交易转变成有计划的活动。如果交易的理由不复存在，应该取消整笔交易。

按照我的方法，进行交易的原因是 _____
_____
_____
_____

对我来说，交易的理由不复存在的标志是 _____
_____
_____
_____

我要交易的市场运动类型是 _____
我的交易进取程度是 _____

第三章 交易理念

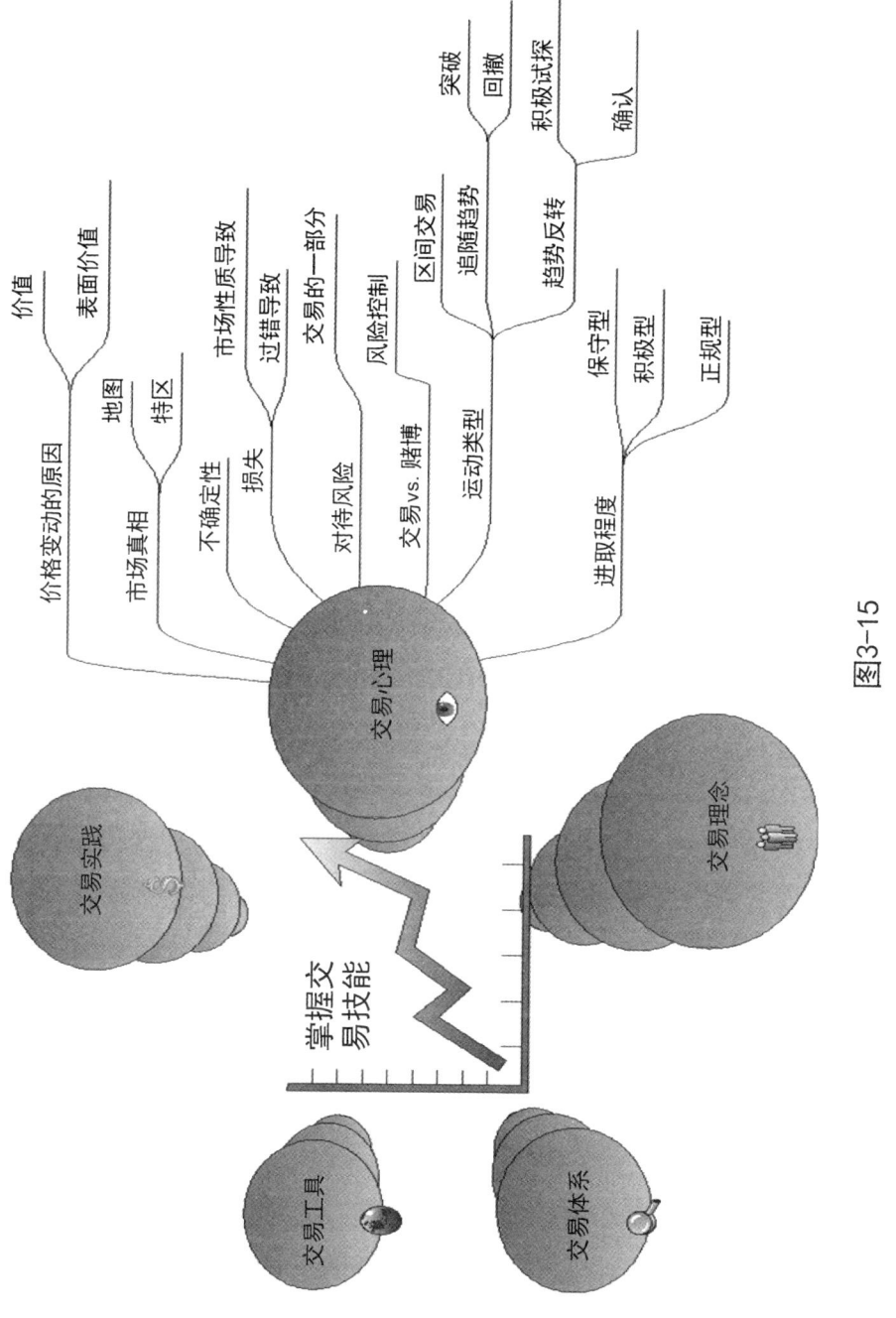

图3-15

第四章 交易心理

简单 vs. 容易

股票市场交易有个很重要的悖论。随你信不信，交易可能非常简单。很多富有经验的交易员都认为自己的交易方法非常简单。建立行之有效的交易体系，不需要你是火箭科学家。实际上，只要你可以连接两点之间的线，分辨高价和低价就行了。不过，这里有个概念陷阱，**简单**并不等于**容易**。交易简单吗？是的（如果你这样选择的话）。交易容易吗？并不见得。有时候大家很惊讶，这么简单的东西为什么如此之难。这个悖论的原因在我们自己身上。理解要做什么很简单，但实际做起来并不容易。

心理学是交易员教育的另一方面，通常要推迟一点再开始。刚开始，很多人都不曾想到心理状态对交易成功起着多大的作用。只有经历了一定的挣扎（通常表现为损失）后交易员才开始认识到心理状态对于交易的重要意义。交易中心理状态的作用反映在两方面。一方面，我们称作防御型，就是防止错误的心态。把自己调整到正确的心智状态，这是交易成功必须具备的。另一方面，攻击型，在交易员达到更高水平后再发挥作用。攻击型有两层意思，内部引导自己将直觉作为强有力的过滤工具，外部用以评价他人的思维方式。

防御型心理

正确或错误的交易心态直接关系到交易的成功或失败。问题是，市场交易中，光知道做什么是不够的，真正去做你所知道的正确的事是非常困难的。从某种意义上说，正确的交易要求不同寻常的心态——和我们社会活动的所有其他领域所需的心态差距巨大。在不确定的环境中，你得以确定的方式行事，得考虑各种可能性，得学习接受风险，得颠倒人类很多习惯性的反应。最后，你还得学习对于稍微有点儿抱负的人来说最难的事——抑制自满情绪。

下面我们来列举交易员心态与平常人心态的主要区别。

尊重市场

在社会生活的其他诸多方面，我们总是被灌输这样的思想——去影响事物作用的方式。我们说服周围的人，尽力影响他们的决定，坚持自己的立场，和他人展开争论。从接受正规教育一开始，甚至更早，我们就被告知要以这种方式思考。如果你想成功——让其他人理解你，信任你，跟随你。改变周围的事物，对其进行领导，控制，让其发挥作用。

在交易中可不是这么回事。在交易市场，你要处理的事情比任何个别玩家都要大，而且对市场几乎没有任何实际的重大影响。将自己的意志强加在市场上会摧毁你自己。正如我们在《交易理念》部分所说，市场总是对的。现在，我们正在实践中运用这个理论。其暗示就是：不要强求无法强求的东西。如果市场总是对的，那么取得交易成功的关键就是听从市场的引导，遵守市场规律，就像是在水里，水流向哪儿，你就去哪儿。要以这样的方式思考、行动，我们就得放弃自负，承认如果市场以我们预期相反的方式运动，就是我们错了。我在《盘口解读技术》一书中说过："市场就是你的老板，按照它的意思做，你可以获得回报；反抗它，你就出局。你不会和大海搏斗，只是在大海中游泳而已。如果你发现大海把你带向你不想去的方向，你不会想要改变它的方向，找其他流向的水流就行了。"

控制自己

如果你无法控制市场，那么怎样才能影响自己行为的结果呢？答案很简单：控制自己。如果市场做了它该做的，那么，你的责任就是做出合理的反应，包括控制情绪上的冲动。史蒂芬·柯维在《高效人士的七个习惯》中说过："在刺激和反应之间，人有选择的自由。"市场总是正确的。接受这个观点意味着我们承认交易中没有我们闹情绪的余地；我们只需要将这个真理根植于心，追随市场的领导，执行相应的决定。

安心于毫无保护

在生活的很多方面，我们习惯于一定的安全网。你的身体有健康险；买的东西有保修期；有各种需要的时候还有社会援助。我们发现周围的环境是友好的，失败也有底线。我们已经习惯于此。对没有任何保护机制的环境，我们采取敌对的态度，但这的的确确是我们面对的市场——市场对我们的存在丝毫不在乎，也并不关心我们是否犯错了。你若犯错，要为自己错误决定带来的后果买单，没有人可以替代你。所以，我们得对自己的行为和所有后果负全部责任。一开始，这种感觉很不舒服。不过，既然我们为自己的错误负全责，也就有资格为我们的成就而骄傲。这是自然而然的事，因为从积极方面看，没有人可以限制我们赢的能力，没有人能阻碍我们做出正确的决定。交易就是这么一个职业——赢或输，全靠你自己。

对市场谨小慎微，完全控制自己，为自己的行为负责，为自己的成功而骄傲——这就是理想交易员的心理写照。

做个好的输家

如果要赢，交易员得学会如何正确地输。我们在《交易理念》部分讨论过输的不同类型。好的交易员得学会输得优雅，理解输是交易的一部分，还得学会输得起，在损失扩大之前认赔出场。这是交易员的自我保护，自己的安全网。风险控制意味着快速认赔。

忘记标准的工作道德

我们心中都有个根深蒂固的观念——工作越多，回报越多。在交易中，这种直接联系并不是事实。我们不是要在这里讨论学习如何交易——当然这是必须要做的事。很多人深受这个观念的影响，希望一直不停地做交易。两手不做事感觉就是浪费时间，他们是引以为耻的。这通常导致了不必要的交易，不完整或糟糕的架构。没有适合自己交易方法的时候就袖手旁观，这是你要学习的最重要的技巧之一。好的交易员只做最好的交易，不理会其他的小交易，保持自己尽可能高的赢钱几率。

学习在不知情的情况下行动

我们接受的所有教育，以及其他大多数职业都告诉我们要获得尽可能多的信息，来预见自己行为的结果。

对桥梁设计工程师来说是有必要的。他得确定这座桥可以承载相当的负重，但股市交易却不是这样。我们在前一部分说过，我们无法知道接下来股市会发生什么。你可以提出一定的设想，然后为每个设想做好相应的准备。

如果你不知道下面会发生什么，不要觉得自己无法连续在股市上赚钱。玩象棋的时候，我们也无法知道对手下一步要干什么。对于武术来说，你也不知道对方接下来的招式。不过，很明显，有些象棋玩家和搏斗者总是比其他人出色。他们事先不知道对方下一步的举动，他们赢是因为自己擅长这类游戏，而且准备好了应对措施——"如果……则……"模式。股票交易也正是如此。在未知环境行动的能力是交易员的关键素质。

颠覆本能

关于这个话题，在爱德温·李费佛的《股票大作手回忆录》中说了段经典的话，我要全文摘录下来，因为这包含了我们现在正在讨论的东西。

"投机者最主要的敌人是他们的本能。人的天性就是如此，希望和恐惧无法分开。在投机场合，如果市场的运动方式和你的期望背道而驰，那么对于你来说，每天都是最后一天——如果你没有听从自己的内心的期望，损失的比理应损失的更多。同理，这对于大大小小的帝国创立者和开拓者的成功也很有说服力。如果市场现实与你希望的走势相同，你又会感到害怕，害怕第二天市场又会拿走自己已经得到的收益，所以赶紧退出——太快了！恐惧阻碍了你，本来你应该赚更多的钱。成功的交易员必须和这两种根深蒂固的本能抗争，得控制自己的本能冲动。大多数人满怀希望的时候，他得害怕；大多数人害怕的时候，他得满怀希望。他必须考虑自己的损失是否会扩大，并希望获得的收益更高。"

如何改变

根据上面列举的所有不同点，我们得出这样一个结论，要想获得成功的交易，交易员必须改变自己的心理结构，必须调整心态，才能学会倾听市场的声音。我们前面说过市场的真相和表象。现在，我们来讨论应该如何改变自己的心态，来缩短自己的地图和特区之间的距离。不过，同所有自我改变和自我提升的过程一样，我们首先得问：如何改变？

这个过程分两步。第一步，你得理解自己的目标，清楚自己希望达到的心智状态。第二步才是实际的转变。这是个因人而异的过程，不同的人采用的方式不同，而且轻松的程度也不一样。对有些人来说，理解自己应该怎样思考就足够了，他们只要转换心态就行了。对于其他人来说，这个过程是很艰难的，因为他们很容易在一段时间后又受老习惯指使了。

很多交易员虽然看上去可以控制好自己，但总是重复相同的错误。令人惊奇的是，给交易员重犯机会的时候，由于交易员对此已经很熟悉了，他会感觉"这次不一样"。这种想法可能让交易员付出最昂贵的代价。那些重蹈覆辙的交易员，仅仅意识到正确的思维方式和行动是不够的，还得做出实际行动（你可以称之为小伎俩），让转型更为容易，并保持下去。我有两个办法：

"模范交易员"和"如果我再聪明些"。我来解释一下。

需要彻底改变的主要是撇开情绪因素。你对一笔交易比较在乎的时候，看法也会比较主观，地图严重扭曲的可能性也更高。你评价他人观点的时候，自己所认为的往往与现实大相径庭。和专注于市场行为不同，你的危险在于关心自己是对的，关心自己的钱。作为交易员，你真正该关心的应该是自己手头上的工作，也就是市场运动。赚钱还是输钱，其实就是你工作好坏的结果。这点和外科医师一样。外科医师应该关注自己正在操刀的手术，而不是这个手术带来的金钱回报——当然前提是他是名有医德的医师。我们前面说过，市场不关心你的交易账户——市场不是要你赚钱，或者要你输钱。那么，关心市场的波动吧，别一个劲地盯着自己的钱。如果行动正确的话，钱自然会尾随而来。

交易员在模拟交易上做得很好并非偶然。正是因为不会牵涉到情感因素，模拟交易的利润才能有这么高。如果可以用同样的心态交易现实中的钱，你成功的机会会大得多。要达到这种不掺入个人情感的状态，我最喜欢的办法就是在自己脑海里树立个**模范交易员**的形象。

对于这个阶段的新手来说，下面讨论的部分可能看起来太难懂了。大家看看就行了，吸收自己觉得有用的东西，等实际交易一两个月之后再回过头来看看。那个时候，下面的方法可能就更有吸引力了。

模范交易员

这个方法就是想象某个人具备了成功交易所需的所有品质。你必须细细想过这些品质，只有这样，这位模范交易员对你来说才显得真实，他的反应你也才可以理解。你创建这么一个人，让高素质的他自然地交易你的账户就行了。你就当个旁观者。为自己找个角色——你可以是他的学生、上级，或者指导老师。重要的是，不是你在交易。因为你可以一直做个旁观者，也就不会掺入自己的情感。问他问题，为什么这样做，或那样做，想一想他会怎么回答——从一个模范交易员的角度。要求他对自己的交易做个汇报，记录他的表现，在如何改进方面对他给予指导。

这个办法有很多优点。你可以不掺入个人情感，并且保持这种状态，就像我们之前说过的一样。你可能更为灵活，因为你自己认为有必要的话，很容易去矫正那些品质，或形成新的品质。你不大关注金钱，那是你正在观察、评价的模范交易员可能做的事。如果他不是拿自己的钱交易，也就会把焦点放在市场行为上。按照你为他设计的品质重新塑造他的行为后，你就成为他了，这也正是你想要的——成为自己的模范交易员。最后还有一点，这个方法还挺**有趣**，这点也非常重要，可以让你减少紧张感，无拘无束，才不至于影响**客观判断**。怀着有趣的心情用这个方法进一步操作，给他取个名字。轻松的乔治？花岗岩面层罗比？抢钱的约翰？不要害怕开玩笑——有创意、轻松的心态是非常有效率的，还可以让你的直觉更准——随着经验的积累，以后这项技能会更加精湛。

现在，我们已经讨论过交易心态的主要差别，接下来，看看交易过程中交易员的行为，讨论每种行为的心理转变。在一个交易的每个阶段，交易员经常遇到不少心理问题，包括基于利润的交易冲动；害怕开始交易；过早退出有利可图的交易；仅仅因为焦虑而退场；没有及时止损。

接下来，我们来看看交易流程和交易管理的各个阶段，看看模范交易员——冷静的乔是如何做的。这将会是你的第一本指南，引导你形成自己心目中的理想交易员。

模范交易员的行动

第一阶段：寻找交易

起初，冷静的乔纵观市场，寻找符合自己标准的交易。乔有自己的交易体系，可以定义自己理想的交易计划，不会因为任何市场波动而产生交易的冲动。他不推崇按照大家倡导的要点来交易，不会因为别人喜欢某个交易而贸然进场。美国全国广播公司财经频道 CNBC 或报纸的评论员对某只股票的热情不会成为他进行交易的唯一动机。别人的交易看法仅仅是他看看某只股票架构的原因。

乔并不觉得一定要一直呆在股市里。他理解，在自己交易户头里的钱是自己的工具，而工具在要用的时候必须准备好，必须是锋利的，润滑过的——而且在需要时使用过的。

对乔来说，寻找交易的过程就像伏击狩猎一样。他耐心等待捕食的时机。对他来说，要么就是最好的时机，要么就不要交易。他小心地控制自己的状态，注意保持客观，不会受蝇头小利的诱惑。如果一笔交易所需的条件没有得到完全满足，他就会放弃这笔交易，乔并不会因为长期不进行交易而烦恼。热情高涨的市场不是他要找的机会，不是他的强项，也不会让他焦躁不安。

冷静的乔有适当时机的交易计划。他提前确认市场情况，形成自己的一套见解，包括可能出现的市场行为和自己的反应。他知道哪些板块热门，哪些是冷门，并关注自己认为机会将会降临的市场。

乔知道风险的大小，不仅仅从回报的角度来选择交易。他首先考虑的是风险。如果他认为万一交易失败自己失去的可能比交易计划中失去的更多，那么这个交易就会流产。

总而言之，冷静的乔不把自己的观点强加在市场之上，而是等待自己的市场，也就是说，如果市场符合乔的交易体系的所有条件和要求，他就会开始这个交易。他不是赌博——他是在交易。

第二阶段：交易开始

所有的交易条件都满足后，乔就进场了。他不害怕在市场中交战。这是他的职业，是他生存的理由。乔并不渴望一直呆在市场中，但一旦自己的机会来了，他也不会有任何犹豫。交易评价所需的所有必要工作已经完成；架构已经存在；风险评估已经完成。一旦乔看到符合自己交易体系标准的信号，就会开始行动了。

冷静的乔根据风险来确定仓位的大小。他的交易计划把风险看成最重要的因素。不管投资回报如何诱人，他的仓位大小不会超过交易计划规定的最大风险承受能力。乔设定自己的进取程度。根据市场情况，他以积极或保守的姿态进场。

他知道执行命令的工具并能加以有效应用。乔十分清楚不同的命令，以及对不同市场状况的适用情况。他用自己的方式自动执行命令，不再多想——在准备阶段，学习工具的阶段，他已经完全想好了。

如果符合自己标准的机会来了，而且由于某些原因乔并没有得到最好的回报，他也不会追着价格跑。他会执行自己的命令，在自己认为合适的价格进场，或者放弃交易。

第三阶段：执行交易

乔进场后的第一件事就是开出止损单。如果出现快速的当日冲销交易，他可能会使用手动止损，也就是自己进行止损，而不是通过电脑。不过，对于乔来说这是个例外，因为他更喜欢安全的操作。

冷静的乔做的下一件事是静观其变。他不管市场的噪音，市场在乔的止损和目标之间所做的所有的事都可以看作噪音——没有意义的行为，不需要乔做出反应。他根据某些理由选择自己的止损点，如果没有达到这个止损点，就没有退场的理由。赢钱时候的退场信号是自己的交易体系决定的——除非产生了这种信号，否则没有理由拿了赚到的钱就跑。乔不是按照自己交易账户的余额来交易的——他的交易行为由市场运动来决定。乔知道如何耐着性子做事，是市场最好的倾听者，让市场我行我素。对乔来说，一笔交易的命运从进场开始就完全取决于市场了——他不会毫无缘由地进场。开始交易前所做的所有决定都是计划的一部分——现在按照计划来执行。乔根据自己脑中的"如果……则……"模式展开行动，不至于在无须止损，或赚了点但还有更大利润空间的时候就过早退场。

如果一笔交易的时间对乔的交易体系来说是重要的，他就会考虑；如果一笔交易没有在计划规定的时间内完成，他就会把这个交易交割。如果乔是当日冲销的交易员，没有隔夜持仓的计划，而且这笔交易在市场收盘的时候并没有自动达到卖出的条件，他会退出这个交易。

第四阶段：退出交易

退场有两种情况：止损和获利了结。

止损退场

如果价格到了止损点，那就退场，不用讨论，不用质疑，也不用找借口。止损是乔保护自己交易账户金额的方式，是神圣的。

冷静的乔会遇见股票达到高点后回落至保本水平，甚至回落至利润区的反转行情。尽管如此，乔并不会质疑所设定止损的合理性。他知道如果自己不设定止损，自己在某个点会把已经赚到的钱全部输掉。他不会因为某个止损而感到挫败。乔有自己的交易理念，理解损失本来就是交易的一部分。

如果股票价格达到某个止损点，但平常这个位置可能是乔的交易体系的进场信号，乔可能会稍等一等，看看股票是否会反弹，是否能把自己的损失降到最低；如果没有这种反弹的迹象，乔会进行止损。

一笔交易就算低于平均价格，但赚不到钱，乔从来不会考虑买进。乔知道还有其他交易机会会来，不赚钱的交易他是不会投钱的。

获利了结

乔的交易体系产生卖出信号的时候，他就会退场。他在一笔交易里呆的时间不会长过自己的看盘原则所允许的范畴。他明白利润需要保护，否则可能会蒸发。如果自己的交易体系告诉自己要卖出部分股票，他也会照做，以便保护部分既得利润，而继续持有剩余股票是为了将利润最大化。

第五阶段：交易后

每笔交易结束的时候，乔都会将其计入交易账目。这种账目是乔此后分析自己的业绩，重新评价体系，以及进行必要修正的工具，同样，也可以作为观察乔的心理素质的窗口，看看反应是否正确，判断是否被情绪左右了。在控制自己情绪的能力方面，乔很有自信，不过他非常清楚，情绪敌人可能会不知不觉地爬出来。乔很警觉，总是了解自己的极限。

如果我更聪明些

下面这个问题你在交易过程中很可能遇见过。你可以用第二个方法来处理，你学了正确的行为方式，操作了正确的交易，知道哪些交易是错误的，但有时候还是会走下坡路，做些明知故犯的事，就像自己心里有个敌人，要求你这次这么做，反复这么做。实际上这是正常的：自我改变不是那么容易或快速发生的。为了让自我回到正确的轨道上来，我设计了**如果我更聪明些**的办法。我发现自己犯以前的错误的时候，就制作一张分为两列的表格。和自己的交易方法相吻合的交易列入左栏，背离的交易列入右栏，即"我本来应该更清楚"这类。注意，很重要的一点，这些交易不是用获利、亏损来分类的，两列中都有获利和亏损的交易。分类的标准是"是否符合我的交易方法"。两个星期稀稀疏疏的交易后,我完成了这张表格,汇总一下,看看如果我没有偏离自己的交易体系,交易余额是多少。结果令我震惊。我实际上就是在自我掠夺!这个方法创造了奇迹,让我从这次震惊的回忆中吸取教训,严格规范自己的行为。如果你在开始交易前用这个办法对交易分类,表格显示的结果会让你马上清醒过来。

听交易员说——艾伦·法雷

53岁,住在美国亚利桑那州,以股票交易为主要收入来源的股票波段交易员。自20世纪80年代后期开始交易,《高明的波段交易师》(The Master Swing Trader)的作者,交易博览会的演讲嘉宾,财经媒体thestreet.com的评论员以及hardrightedge.com的首席交易员。

如何开始从事交易的?

我的上一份工作是在保险行业做了多年的理赔经理。当时的调制解调器非常非常贵,我是我们公司第一批会使用调制解调器的人。由于公司裁员,连续好几个月我都想找管理层的人谈谈,但他们很多都被裁了。我无法从上司那里得到任何指示,所以我干完自己的工作就坐在那里。我无事可做,就自学股票市场,像波段交易员那样交易。

我想很多人,甚至信息最闭塞的人,都有这样的感觉,认为波段交易是某种动能交易。这并不是事实。在趋势明显的市场,你可以玩动能。高位买入,在稍高的价位抛出。在稍高的价位买入后,在更高的价位卖出。

波段交易使用支撑位和压力位,更好地运用了市场上较为闲置的一部分资源。这种交易使用市场技术分析的时候更多。

计划持股时间有多长？

我最喜欢持有 2 至 3 天的时间。不过，我已经持仓两个星期了。我想它们建在了不同的时间结构中，要想赚钱，就得把持股时间延长到那个时间结构。

有时候是架构类型的问题，从图表来看，好像要两个星期才能完成。你得自己选择适当的点，这样止损的时候才不至于措手不及。

是在 20 世纪 90 年代中期自学的吗？

实际上是 20 世纪 80 年代后期和 90 年代早期。最开始，我阅读了很多这方面的书。以前常去 Barnes and Noble（美国最大的实体书店，译者注），但几乎每本书都要六七十美元，我当时想"这东西太贵了"。所以总是星期六早上去，在那儿坐上三四个小时，把书从书架上取出来读。后来，我也开始买一些书了。

随着互联网越来越好，上网速度越来越快，我在网上遇见了很多优秀的技术分析师。实际上，我还加入了 Compuserve（美国最大的在线信息服务机构之一，译者注）的投资者论坛，待了好几年，兴奋地阅读其网站上的每个帖子。我为其服务的两三年内，可能看了七十多万份的帖子。那是唯一可以去的地方。那时候还没有什么网络环境，Motley Fool（美国投资网站，译者注）和美国在线 AOL 那时候还没有出来。我们谈论的都是学习经济学，学习交易。读了专业经济学家、投资者和交易员写的上百万份帖子之后，真的学到了很多，而且还很有趣。

在学习的过程中，什么对你的帮助最大？

是位名叫约翰·岳可的技术分析师，非常谦虚的一个人。约翰也是投资者论坛的成员，他向我介绍了一些真正的经典技术分析原则，甚至还告诉我逆向思维方式。技术分析和交易是两项不同的技能，我认为很多人经常把两者混淆。很多人认为如果学了技术分析，就是交易员了，所以都跑去学技术分析，乐此不疲。

我认为技术分析必须在某种交易环境下使用。除非你自己有应对任何时候的价格波动的策略，否则世界上任何图表也帮不上忙。

换句话说，进入股市前有自己的计划吗？

不仅仅是个计划，而是种理解，是看法。市场给你的是反直觉的信息，即便价格走势图也是如此。价格走势图会告诉你一件事，但有时候你得愿意走一条正好相反的路，因为你理解那就是隐藏在图表里的反应信息。这点很难学，但成功的交易员都这么做。

据说利润不是跟在市场上多数人后面的，而是少数人，而且需要运用原创的、逆向思维获得。如果你的观点角度和思考过程与其他人一样，那么，你属于输钱的大多数人。有些人直接把别人的观点拿来就用，你得反其道而行之。

对于宏观经济形势的信息，你使用的频率怎样？

几乎从来不用。市场的波动很大，了解我们在哪种环境中很重要，可以帮助我决定对一只股票持有多长时间。你不会希望牵扯到经济报告的制作。如果市场上的恐慌很严重，你不会希望隔天还揣着那些股票，因为你不知道第二天会发生什么。如果有更大的波段，宏观经济会产生影响。不过，这些大波段没有发生的时候，技术分析还是主角，不必对基本面担心太多。

如何选择交易？

我使用自己的技术分析网络监控系统，可能每天要看500至600幅图。你看到有些向好的趋势，自然会对此产生兴趣，观察它，在自己感兴趣的范围里期待某些事情的发生。我想就是这个在市场上创造机会，特别是技术分析层面上。

我找到了自己的小位置。我不做期权交易，不做期货交易。做期权和期货的话，有很多人比我聪明。我不热衷于期货交易，其中一个原因就是我知道期货市场里专业交易员的比例，我不想和他们竞争，还不如和个人交易员，散户竞争呢。股票市场的思维方式我了解得更多。我能更好地理解参与者的心理，更好地理解他们的观点。我想自己能利用这些知识，这是我在股票市场的优势。

刚开始交易的时候，有没有接连战败的情况，或遇见其他的困难？

我现在仍然有连续亏损的时候，仍然会经历低谷期。这本来就是交易的一部分，实际上意味着不要让损失影响自己，意味着把损失维持在小范围之内。我可能在很多交易中亏损，但仍然可以非常迅速地把钱赚回来。

你连续亏损六七次后，自己会变得焦躁不安，但如果这七次的亏损都控制得很好就没有关系。你知道如果有只股票按照你预计的方向运动，你可以从这个市场里赚得盆满钵满，比你以前所有亏损的总额还多。对我来说，这就是关键。我现在有很多亏损，因为我不愿意被套得太久，宁愿损失那么两三笔交易，这样就可以纠正了。股票可能下跌，我可能退场，可能再次买入，股票可能再次下跌，在股市运动到有利于我的行情之前，我可能再次退场，然后再度买入。所以，我一直在输，因为在努力寻找持有这只股票的最佳时机。我对亏损照单全收。百分比实际上并不能代表一切，亏损本身就是策略的一部分。

这种情况下，允许股票下跌到什么程度？

不能太低。即使是长线交易，我也会把自己的亏损控制在某个点以下。我寻找的架构中，市场的风险比这个点更低。这并不容易，但还是可以做到。如果你错了，就得接受亏损。我可以测算，寻找真正的上升和真正确定的下跌。

很多人把一只股票套现后，发现即使有好的架构，也很难再买到正确的股票。

这就大错特错了。严格意义上说，这是心理问题。如果已经有了架构，你必须收起自尊，着手去做必须要做的事。

通常大家都是在价格谷底卖出股票。这是人的天性导致的。如果你在谷底卖出一只股票后，看见市场给你上升行情的信号，这时候，你真的要收起自尊，回过头再来买这只股票。我已经这样做过好几次了。现在的手续费很低。平仓后再重新建仓并不会花费很多。你不会损失多少。能够在股票下跌的时候卖出，在同一架构继续有效的时候在该价格附近再买入，真的很重要。

你用了"收起自尊"这个词。你认为大家的主要障碍是自尊在作祟吗？

并不总是自尊，因为我想自尊来自过高的自信——与缺乏自信相反。至少，这是我的解释。对我来说，我的自尊是最主要的障碍，但我认为对输家来说，他们的障碍是没有自信。他们认为有些股票的价格会涨，但实际上却跌了。现在，他们都不相信自己。估计错了当然会难过，但你得对自己看事物的能力有点自信，否则就没法做股票交易。

你是怎么保持自信的呢？

交易做多了以后，你知道牛市还是会来的，而且会发现自己的估计没错。你会从中树立自信。令我吃惊的是，很多次我看着账户金额缩小，然后又恢复到正常水平。除了震惊外，我发现还是能赢钱。这让我树立了自信：你可以亏损，但你也可以确定自己真的能很快赢回来。真好！

一旦你意识到自己有能力这样做的时候，就是真正在建立自信了，不管输了多少钱，你也不会有太强烈的感觉，因为你认为那只是"概念上的数字"。这个数字压根儿就不存在。就算户头里的钱比昨天的少，总有一天会多起来。

再说，我还教其他人如何交易股票，更加增强了我的自信。我得告诉其他人哪些是好的交易机会。为自己交易是一回事，大多数交易员都仅仅做自己的交易，他们赢的钱，输的钱都是自己个人的。而且他们特别不愿意和其他人分享自己的失败经历，觉得难为情。

被我们称为"社交型交易员"的人并不多。我们不仅仅是交易员，我们还得接触大众，和别人交谈，指导别人，告诉别人我们在交易什么。如果我们错了，我们不仅要面对自己的"羞辱"，关注我们的其他人也会看到我们错了。这会影响他们对我们的印象吗？

你有没有想过要放弃股票交易？

噢，想过很多次了。不过想归想，过一个星期，我还是在做我的股票。归根到底就是上瘾了，像尼古丁对我的诱惑。我花了这么多年来戒烟。戒烟后，你感觉很好，可是一旦出现诱惑，所有"挠痒"之类的事就让你又吸上了。交易也是如此。如果你某天输得厉害，晚上的时候自己感觉像个废物一样。你在想："到此为止，我要改变自己。"不过这只是一时兴起罢了，主要是因为每天早上的市场都不一样。每天都是新的，真的可以将过往一笔勾销，所以交易员还是会跑回来做交易。

有些人本来不应该做交易的，但因为每天早上都要从零开始，他们又被套住了，把钱置于本不该发生的风险之中。这就是从头开始——每天都是新的。市场从来不会出现连续两天一模一样的情绪，也不会连续两天产生一模一样的气氛。这确实是真的，也是交易员在遭受亏损后重生的原因之一。

你认为心理素质在股票交易中有多大的作用？

我说过一句和心理有关的话："要想在交易上取得成功，自律比知识更重要。"要想成功，你如何管理自己的决策过程比读世界上所有与交易相关的书重要得多。自律的重要性对于被套时经历"煎熬"的那段时间也是如此。你可以为自己制订个计划——根据准确的技术分析信息制订理性的计划。很长的时期内，你要按照计划上一、二、三、四的步骤操作，以便在这只股票上赚到钱。这就是你应该看的，是你要进场的地方，是你要退场的地方。然后，股市开盘，你的胃也跟着起哄了。市场让你抽搐两下，第一次跟你唱反调，你可能会想："天哪，我想我错了。可能我现在得跳船。"或者每次抽查你都会想："我错了。以前的分析真是差劲透了。我不知道自己现在在干什么。我是个笨蛋。"

这就是"时间结构痉挛"。你试着从市场上大大收获一笔的时候，总是卷入小波动之中。这就是心理素质真正起作用的地方，因为这是市场信号和噪音的区别。除非你可以管理自己，否则很容易将市场上的噪音当作真正的信号。如果你无法管理自己，你消化信息的能力就会瓦解。

你怎么知道什么时候自己对太多东西没有控制好？你用什么办法控制自己，或者拉回受控状态？

我失去控制的时候并不多。现在，我会很快地接受自己的亏损。我不认为这是一种失控。

以前怎么样呢？你是否曾经在控制自己上挣扎过呢？

是的。过去，每当我相信一家公司的时候，我就会失去控制。我觉得哪只股票要上涨，或哪只股票要下跌的时候，我就会失去控制。

市场从来没有必要做任何事！你可以有世界上最优秀的技术分析，最漂亮的架构，但市场还是我行我素。如果要我写个新闻通讯，推荐那么四五只股票，我现在就知道其中有些股票的表现肯定和我说的正好相反。这是市场的本质。要成功，其中一个要求就是能够过滤这些噪音。为什么有些目标没有实现？你必须愿意接受这样的结果，以平常心待之。

有人曾经说过，对于股票市场，赢和输仅仅一步之遥，差别不在于技术分析信息，不在于股票的挑选，而在于你对赢和输的理解，以及你处理输赢的方式。

真的很微妙！

你是如何学会对市场走向不抱有任何希望的？

小孩是怎么知道炉子会烫手的？每个错误，你都不只犯了一次。这就是真正的答案。是什么给你带来伤痛，是什么给你带来欢乐？也许一开始你并不能理解，但最终你会理解的。

有些人极度绝望，然后放弃，但你却越挫越勇，更加努力了。

并不是因为有过太多亏损，而是无能为力的感觉，让自己无法再挽回损失了。对我来说，真正让我增强自信的是我知道自己可以挽回损失。这是种激励。

交易员失败，有一个很大的原因就是他们习惯于特别努力地工作，每两周都可以拿到薪水，所以他们在想，如果自己可以从事交易，非常努力地干，是否也可以获得回报。在交易领域，你可能特别努力地干，最后却什么也得不到。不过，这并不意味着你做错了什么。

市场不会仅仅因为你的努力而回报你。市场给予回报的时候要衡量很多微妙的东西，但不仅仅是努力。努力只是其中的一部分，你的看法，自我控制能力，自律能力——所有的一切——都是如此。

你曾经纠结过这个问题吗？

是的，想当初20世纪80年代和90年代早期，我开始做了些和股票交易一点关系也没有的生意，后来都失败了。在我内心深处，还是有那么一点闯劲，但所有的事都失败了，直到我开始炒股，直到我开始做网站，直到我开始写作，最后我成功了。看到这样的结果，我是所有人中最震惊的了。

虽然失败了，但你还是继续尝试，是你个性中的什么特质把你塑造成成功的交易员的吗？

需要是发明的动力。我下岗了，正是这个原因我才全职炒股。如果我是自己随便玩玩，还要承担这种风险，我不知道自己是否还能这么执着。我已经五十多岁了，几个孩子过几年还要上大学。之前的几年我在股市里也挣了些钱，但在股市里玩玩和专职炒股养家是不同的。

这两个工作的流程不同。我曾有一份六位数薪水的工作，因为我是公司里收入最高的经理之一，但我失去了那份工作。那个时候我还自己炒股，所以生活还比较富足。突然间，10万美元年薪的工作不复存在了。我得找份别的职业来填补这种收入差距。这是个有趣的起点，特别是当你毫无选择的时候。

那时候情况怎么样？

开始的六个月，我都在想该干什么。一开始我还在想要不要回到保险行业去。那段时间真的很迷茫。

一旦我决定了靠自己走出困境，事情就变得简单了。我开始明白自己需要干些什么。说得具体点，我在午夜时分醒来，还很清楚自己要干什么。从那以后，我也不再回顾过去。我希望大家也能用这种方式实现自己的目标。我到现在为止一共有了三到四次类似的经历，而且总是对的。这和心理素质有关，是灵感。灵感通常在你经历了很长一段没有信念的时期后来临，那时候你真的会感激涕零。

你认为依靠炒股挣钱养家和在股市里碰碰运气有什么不同？

我现在每周得工作七天，可能达到90到100个小时。我投入的时间非常多。

现在哪种事情多一些？是你必须要干的事？还是你对自己感兴趣的事？

95%是必须要做的事。这就是成功的代价。我的业务，交易和书——每年都在增长。每年都有更多的事要做，有更多的事情要关注，因为有人会更加依赖我。

股市开盘的时候，我更为关心。我写得更多了，写了本长达420页的书，现在我还要为TheStreet.com（金融资讯网——著名财经网站，译者注）写文章，一周要赶写八篇文章。除此以外，我每天还要花六个半小时盯着股市，炒股！

我总是一边做这件事，一边做那件事——执行多重任务。这是个挑战，我喜欢忙碌的状态。这样没有什么不好，但总得合理安排，忙而不乱。

每天早上我都要考虑一天的计划。这个习惯已经保持很多年了，因为我要让自己保持清醒。身体方面——我已经戒烟几年了，体重下降了45磅，胆固醇也下降了。为了让自己的身体和大脑保持良好的状态，我做了一切努力，而且都产生了良好的效果。

特别是当你坐在桌前，在固定的周期有薪水可拿的时候，我不知道你是否和我有同样的动力去照顾自己，因为我的情况是，"如果我不干活，就没有报酬"。我和妻子今年要去度假。度假的时候，我是没有假期薪水的。如果我离开股市，我就拿不到钱。如果这个时候你还能拿到薪水，就不会产生我这样的心态。

思考对你的交易有什么帮助？

我是A型性格。对我来说，思考可以压制A型性格的人天生的焦虑感，可以让自己不去关心那些对自己没有好处的小噪音和怀疑。思考还可以解决嗜睡的问题——"我不想做"的心态。这就是专注，我总是试着多动动脑子，能把大脑用到 16% 的时候，绝不用到 14% 就罢休。这意味着我可以把每周的工作时间减少一点。对我来说，这和情绪有关，就是在不用百忧解（一种治疗精神抑郁的药物，译者注）或其他任何医学治疗的情况下对付紧张感。而且，我还想把效率再提高一点儿。

有没有出现过情绪影响交易决定的情况？

噢，是的，但每个月只有一两次发生思维跟不上的情况。我的手指在交易的时候比脑袋转得还快。还有就是做报复性的交易。事情并不如你所愿，但你还是说"我要做给他们看"。那时候，你不仅仅是敲打键盘，而是重重地敲。

是什么让你意识到这些问题的呢？

我马上就意识到了，只是我想不想停止这种状态的问题。从中你可以得到一些力量。你生气的时候，怎样做到不生气呢？我退出系统的时候就不再生气了。从某种角度看，这是个角色扮演的问题。你看到台上的自己后也就了解得更加清楚了。你知道自己得处理这种情绪。我讨厌说这样的话，但我还是愿意损失一点钱，让自己的愤怒发泄出来。这是积极的方法，可以增强自己的力量。有时候，损失这点钱是值得的！

怎么知道报复性交易心理已经控制了自己？怎么知道自己敲打"买"这个键的时候太用力了？怎样停止呢？

那天我必须停止交易。我可能会写点东西，或做其他的事——这些事也得做，因为最后期限马上就要到了。对我来说，不会持续很长时间，通常是一天。只要我转个身，情绪就过去了。真是个有趣的现象，这么快就消失了，我自己都觉得奇怪。我会让自己的脑袋不去想交易的事，突然间，这种情绪就消失了。

你有没有发现这种情况——有些人的情绪持续控制着自己的

交易行为？

我和自己所教的大多数人都谈过这个问题。这确实是个大问题。碰到这种事，我希望大家都去洗把脸。他们自己已经无法控制自己了，无法处理这类事情了。这只是人的天性，特别是在教授交易的时候，你知道很多人，不是他们不想从这种状态走出来，而是无法自拔，因为你并没有下定论，并没有说"这个人会成功，这个人会输钱"。你听到这些问题，为此担心的时候，就知道有些人马上要过一段艰难的日子了。你理解了他们没有理解的东西。我想这是最重要的。

能不能举个"没有理解"的例子？

很多人都希望市场是完美的，市场会让自己的感觉越来越好。如果我做到了A，就会得到B。如果我做到了B，就会得到C。这种心态对成功是毁灭性的，因为市场并不是这么运作的。股市是非线性思维的精华。那些最有逻辑的人遭受的打击最大。我不喜欢这么说，但最典型的例子就是工程师。工程师都相信自己可以成为最伟大的交易员，但他们的所有思维都是非黑即白。要他们在股市上成功非常困难，因为你不能用造桥的方法交易。他们想把自己工程设计上的方法用在股票交易上，那注定是会失败的。

在线性思维的影响下，工程师的错误有哪些？

工程师会把所有的一切都套在公式上，不厌其烦地重复使用这些公式。他们无法运用模糊的逻辑来处理，无法用自己的直觉来处理。这点很重要，如果你要从事股票交易，就得锻炼自己的直觉。必须锻炼！直觉对交易极其重要，因为直觉可以帮助你看到逻辑以外的东西。这是他们忽略了的。你要做功课，认为自己明白了什么东西的时候，用直觉告诉自己是否真的弄懂了。

对于交易的直觉，你有什么感觉？

我喜欢股市的灰色地带，喜欢股市的魔咒。股市里也存在迷信，有的人还把伪科学用在交易体系中。我喜欢所有这些东西，因为它们有非常强大的一面。有些观点没有意义，但市场还是有信仰的一面——比人的力量更强大，移动起来像个异常复杂的机器，想要缩小它们的作用简直就是自找麻烦。

我们得利用大脑的各个方面。我不是要把直觉说得多神秘。不管你有没有理解，我想，大部分人真的无法处理好直觉。在他们看来，压根儿就处理不好直觉。这是他们的问题，跟我无关。

谈谈自负怎么样？

你知道谁会变得自负吗？是那些四十来岁，不断分泌睾酮的男人。这种人总是想："我擅长体育，工作出色，对待女人有一套，所以交易也会做得很好。"这就是个典型。他们准备强迫市场按照自己的意愿运动，因为他们强迫所有的事情。你是怎样得到女人的？你用甜言蜜语让她们归顺于你。你准备怎样成为成功的交易员呢？用甜言蜜语让市场归顺于你？我们身边有很多类似的事情，类似的虚张声势。这种做法只会被市场打压士气。市场不会对甜言蜜语做出反应。

对于他们，我要说："交易和睾酮无关"。世界上不少顶尖交易员是女性，有一个重要的原因：她们灵活，接受市场给予她们的，从来不把自己的意志强加于市场之上。大家要尽快理解这一点。

对于暂时获得丰厚利润而变得自负该怎么办？

这个……市场会很快把利润带走。

我连续获利后，大多数情况下会遭遇一连串的亏损，因为我没有遵循自己的时间安排。这是个平衡的问题。自负带来的亏损会让你醒悟，面对自己已经失去平衡的事实。

什么情况下，你发现情绪/心理力量让交易举步维艰？

我喜欢交易，因为交易让人不舒服。那些让人不舒服的通常是最好的交易。这是反直觉的行为，但却是事实。那些最能吓到我的通常是我最想得到的交易，因为通常，这些股票表现得最好。

大家都希望远离伤痛，远离不舒服，但你必须跳进伤痛的泥潭。这是市场的另一面。为什么股市会让你如此疯狂？伤痛通常是个信息——应该买卖某只股票，因为不仅仅有损失之痛，还有做对了之后的伤痛。在一定程度上，很多人不想做对。这就是他们遭受伤痛的原因了——直觉的"对立面"。直觉经常伤害我们。

股市收盘后，你会不会把获利或亏损的情绪带入生活？

毫无疑问，我会一直带着这种情绪，直到我上床睡觉。我不会长时间地陷在这种情绪中，因为我真的喜欢自己所做的事。所以，从某种程度上说，我能够放弃。我也喜欢把角色演得彻底点，喜欢在该烦恼的时候烦恼。

长期来看，现在，这些情绪不会像几年前那样困扰我。我认为自己不会带着这种情绪生活太久。也许我的妻子不是这么看。不过，这是我的观察。

对于交易，你最喜欢的，最不喜欢的分别是什么？

我喜欢股市，因为股市是迷人的，可以体现人诸多方面的特征。这是我最喜欢的地方。时间管理问题对我的困扰最大。你得合理利用时间，否则就挣不到钱，而且很多时候，市场会告诉你不要做任何事。当市场给你传递这样的信息的时候，你是最慌的，因为你不想坐在那儿等钱。你想要挣到钱的时候，就要去挣钱。我得按照市场的开盘和收盘时间，而不是我自己的时间安排工作，我讨厌这样。如果时间都由我来决定，我情愿从早上7：30一直工作到下午2：00。我情愿按照丹佛的时间来做纽约市场的交易。

作为交易员，你的优势是什么？

我是反直觉的，走我自己的路。这是我经历了不少挫折后在股市里学到的。我知道，和其他人做同样的事就不会成功。

你认为从事股票交易的人的总体数量是否下降了？

没有以前那么多了。举个例子，回到20世纪80年代，那时候大家都怀着挣快钱的"想法"。直到《时代》杂志对此作了个封面专题报道后，这种现象才结束。我记得当时对妻子说过："一味想挣快钱的时代结束了。"事实也确实如此。

股票在1999年到2000年的时候最火。当真的火到了顶点的时候，你就知道大众的热情大都过去了。现在，火爆的情况真的已经一去不复返了。那些认为可以挣快钱的人都已经离开股市了。现在，最基本的交易环境回来了。这种环境中的交易群体一直都在那儿，以后也会继续待在那儿，而其他看热闹的人都走了。

对于交易新手，在情绪、心理方面，你会给些什么建议？

从小的交易开始，一直做些小交易，直到你真的明白自己到底在做什么。不过这对交易新手来说比较困难。他们之所以开始交易是想赚大钱的，但不应该这么做，得试着把交易做漂亮。这两者之间存在着很大的区别。

攻击型交易心理

攻击型交易心理首先专注于自己的**直觉**。我们把直觉这部分归于攻击性这一面，因为当你已经是个稳定、自信的交易员之后，这是提高你交易业绩的途径，是个高阶的概念，只有在你的心态正确调整过来后才会产生，而且最重要的是，你的交易技巧必须达到成熟的地步。

交易中的直觉并不是外部的什么神秘力量，其根源是你的经历。直觉与自己融为一体后，你可以更快地处理信息。这个过程是在潜意识层面进行的，很像熟练的司机在想都不用想的情况下处理路况信息的过程。然而，如果你刚学习驾驶的话，这不是件容易的事。车轮的每次驱动，每次提速，每次牵涉到其他车辆、交通信号灯和路标的时候——对于新手来说都要小心应对。司机的经验越丰富，在开车的时候就能更多地聊天，听音乐，或者想些和路况不相关的问题。有时候，我们发动车子后却发现自己记不起来该如何到达目的地，大多数人都清楚这是种什么样的感觉。这时候，我们在交叉路口停下来，看看交通状况，为过往的行人让路，还要做很多很多其他的事，才能到达自己的目的地。所有这些事反复发生后我们就熟悉了，能辨认了，最后我们不用特意去想就可以处理，就能做出反应。

交易的时候也差不多。反复经历过后，各种情况对你来说都很熟悉了，遇见后能够直接做出反应。在旁观者眼中，你辨认、做出反应的速度是惊人的。即使是旁观者，看到经验丰富的交易员对熟悉的架构做出反应，也会认为是神奇的，就像他们的手指自动敲下"买""卖"键那么快。我还见过有的交易员甚至无法说出他们在交易中看到了什么，他们就是按照惯性做了。他们可能会说这样的话："我只是看到了一个交易，然后进场，接着就完成交易了"，或者"我也说不清楚是什么让我这么做的，我就是这么做了"。你看过优秀的象棋选手在闪电战中的表现吗？和交易很像，根本没发生什么神秘的事情，只是另外一种处理信息的方式罢了——一种只有经验丰富的人才可能用好的方式。

这里我必须给个警告。直觉不会因为你想让它来就来。你无法强迫它。如果你非常使劲地敦促，想唤醒自己的直觉，让它告诉你"该怎么办"，你还是无法让真正的直觉因为你的一厢情愿而冒出来。直觉的产生是个轻松、愉悦的过程，是经验自然而然带来的，压迫、紧张都于事无补。赚钱、快乐地生活——这是直觉来临的时候带给你的。

  攻击型心理的第二个方面就是**理解其他交易员的想法**。原因很简单：你了解标准的反应，理解交易的情绪面后，你就能理解、研究那些情绪了。毕竟，所有走势图都是交易员团体看法和情绪的反应。如果交易中你没有带入情绪，你会发现自己的情绪是被自我控制压制了。你可以用这个道理来评价其他市场参与者的情绪。某只股票快速下跌的时候，你几乎可以感觉到伤痛，听见疯狂的怒吼"无论付出什么代价，给我退场！"股票不断上涨，不断突破压力位的时候，你可以感觉到做多的投资者的开心，做空的投资者的挫败。虽然你的经验还不多，这个时候你的情感很可能是无声的，但还是试着听听自己的情感——仍然会帮助你辨别大众此时此刻的感觉。

  重申一遍，你获得丰富的经验后，会产生直觉，很多类似的情形也会出现。你会发现，几番测试之后，突破压力位了，价格直线上升——这种行为和那些在跌到止损点之前就做空，和那些等待突破以增加持仓量的交易员有关。你会看见没有突破支撑位后的大幅反弹——这是对触底价格抱有希望的投资者看到支撑位守住了的时候下的赌注，那些在重新建仓之前卖出股票的投资者，那些希望突破支撑位，之后采取止损措施而做空的投资者。反复遇见这些情形，以及很多其他情况后，你都能读出其中的信息来。

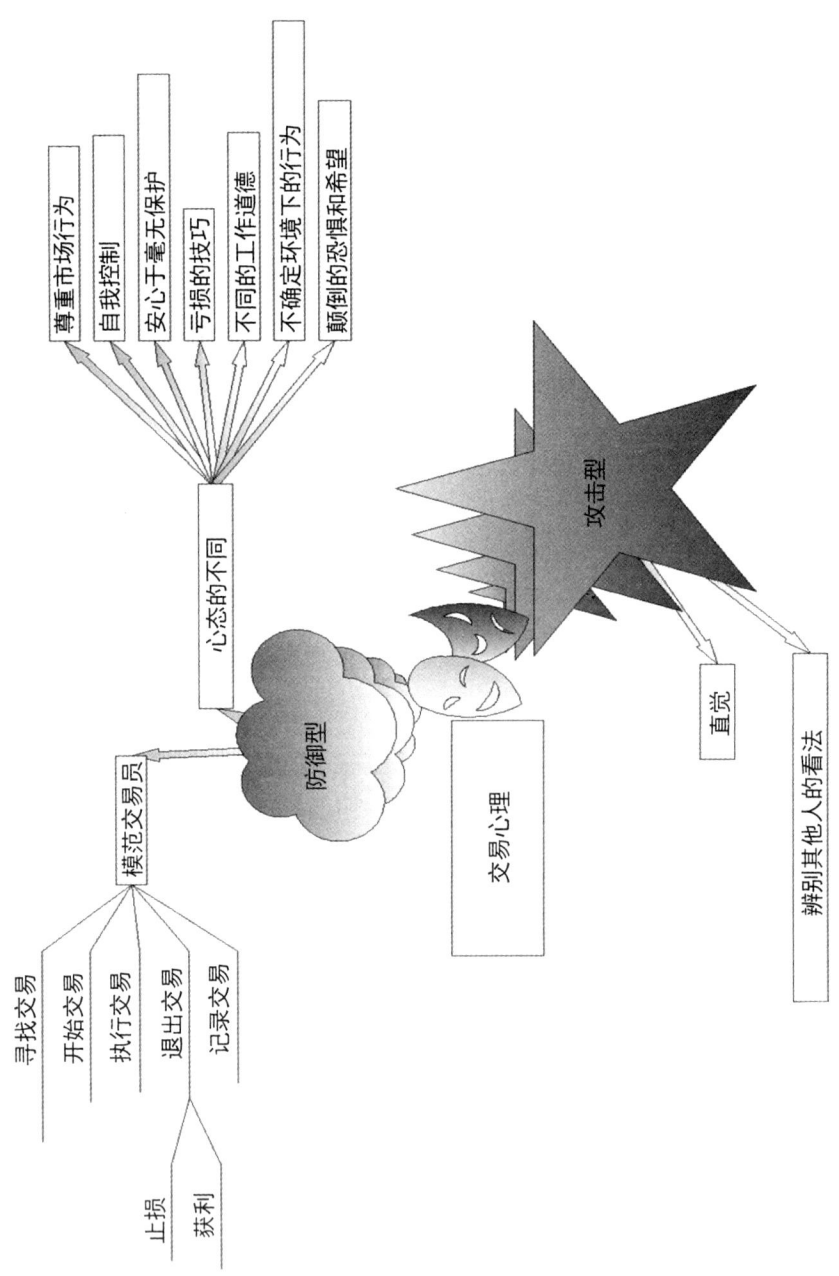

图4-1 交易心理思维导图

交易心理的资源

http：//www.realitytrader.com/Tapereading.asp#mentalstate

交易计划

这部分的计划中，我们要列出处理交易心理的方法。

交易计划表：我的交易心理

市场是我的导向，我不会把自己的意志强加于市场之上，我会听取市场的讯息，尊重市场行为。

自我控制是我从事交易的主要武器。市场给予引导，我控制自己，紧随其后。

我为自己的行为负责，对此我没有什么不舒服的感觉。正是这个给我力量，让我自力更生。

我会坦然地接受亏损，不会有任何犹豫，产生任何抗拒的情绪。那是让我学习的教训。

我不认为一定要一直不停地做交易。

我坦然地接受市场的不确定性，按照"如果……则……"的模式行动，没有提前知道结果的冲动。

股价跌到止损点的时候，我对亏损有点不舒服，但在认赔出场的时候不会有任何犹豫。赢钱的时候我感觉很好，会平静地观察股票的发展态势，直到我的获利了结信号发出后退场。

我正确的心态是：

不掺入个人情感因素

关注市场行为，而不是金钱

让我拥有正确的心态的方法是

找合适的交易的时候，我

我的退场信号发出后，我

在交易过程中，我

股票的走势和我的预期相反的时候，我

股票的走势和我的预期一致的时候，我

我要时刻保持清醒，不将情绪带入交易中，以便唤醒自己的直觉。我要用自己对交易情绪的理解，来解读其他玩家的行为，决定自己的行动。

听交易员说——查克·科林斯

47岁，住在美国马萨诸塞州，自2001年开始炒股，2002年开始全职从事证券交易，在股票和期货方面从事当日冲销交易、抢帽子和10%波动的交易。

我从两个技术工作岗位下岗后开始对交易产生兴趣。2001年8月，我认为市场可能要洗牌了（哈哈！），可能是把交易作为职业选择的好时机。我读了两本有关当日冲销的书，订阅了当日市场波动的评论。我曾经自己做了几笔交易，但很明显，当时要开始把交易当作职业还太早，我还需要实际训练和引导。

尽管如此，我从一开始到持续获利花了两年的时间。25000美元的最低当日冲销金额已经发挥作用了。我刚开始做的交易金额都很小，只比最低限额高两千美元左右的样子。当时我最大的困难是克服对损失的恐惧。恐惧让我无法进入好的交易，过早地退场；有些交易，如果我没有过早获利了结，本来可以挣到钱的，但最后由于恐惧，过早退场却亏了钱。最后，我以非常低的利息借了些钱，增加了自己交易户头的金额，也在一定程度上缓和了自己的压力。

我还把自己的交易规模按比例缩小，从1000股缩小到500股。现在，我的交易中60%都是500股的小交易，20%是1000股的交易，还有20%是小于500股的交易。我的绝大多数止损设定在20至25美分之间。

大概在第一年的时候,我做了个交易,打击几乎是毁灭性的。在那只股票的收益报告出来后几个小时,我以 8 美元的价格做空了 1000 股。我的判断是正确的,收益报告很糟糕,但我当时没有任何公众持股量和卖空股份总额的概念。要做空的股票挤在一起,我最后在 10 美元的时候卖出,损失 2000 美元。几分钟后,这只股票涨到 10.5 美元,第二天的收盘价是 7 美元,当日最低价是 6.5 美元。这只股票我持有一年了,我当时并不认为要等几个小时再交易。这件事告诉我,在具体操作之前,值得花 30 秒左右的时间看看你不了解的股票的具体情况。

我没有像商业计划书那种书面的总体交易计划,但我制作了每日"备忘录",列好当日要注意的股票,业绩指数和期望等。我在一天收盘的时候写下这些,第二天开盘前再更新。我一直把这种单子贴在其中一个显示器上。此外,我还有一张交易口诀贴在显示器上,帮助我自律,避免犯些低级错误。虽然这些并不能防止亏损,但还是挺有帮助的。

我认为自己交易的时间还不够长,无法形成清晰的交易理念,但我还是想说我仍然在坚持培养自己的习惯,进行自律,从而让交易变得尽可能的程式化。从这个角度看,下面是最重要的几点:

进场交易前先确定风险。

耐心等待市场达到自己的要求后再进场。

如果已经有了架构,不要犹豫。

不要追风,总会有合适的交易来临的。

止损或止赢。

某种程度上说,我就是不愿意承担风险,而且自我第一次交易(正好在 9·11 之前)开始,从市场环境来看,我更喜欢当日冲销,仅仅因为这样的道理——周期越短,风险越低。

第四章　交易心理

对于纳斯达克股票的当日冲销，我更喜欢追随趋势和以趋势为基础的架构，因为这通常可以清楚地确定风险参数。我不喜欢对个股进行投降式抛售，因为我还是不太擅长解读个股的反转点。

另一方面，我还经常在支撑位或压力位的反转点做指数期货和交易型开放式指数基金（ETF），因为我发现这两种交易更加可靠，而且趋势转折点的风险通常非常小。我在做这些交易的时候总是更为激进，因为风险/回报率高，而且以前的交易记录也很好。我还发现在反转点解读这些交易的大盘比解读个股的大盘更加容易，可能因为波动发生的价格区间非常小。这和股票相反，股票在转折点的波动非常大。

我想，自己只有在播放新闻的时候才真正关注"基本面"。如果某个白天有一条关于股票的新闻，我就必须了解这条新闻的"历史"，看看是否已经对股票的价格产生了影响。你一定看过这样的情况：某只药品股票在某个交易日获得了 FDA 的批准，结果在一些倒霉的交易员跳进去买入后马上就卖空了。

对于其他的基本面，我只关心便宜股票的公众持股量和卖空股份总额。除此以外，我认为基本面只适合投资者。大多数情况下，我是根据技术指标和走势图交易的。

我愿意在一个交易上亏一定数量的钱。开始考虑某个交易的时候，我找出进场点和止损点的位置，然后据此调整自己的仓位大小。我尽量不把自己的止损点设在容易被洗盘的明显位置，但如果真的撞见了洗盘，我马上抽身而退，不再回头看。我看到很多交易员被洗盘，变得疯狂，然后做成了很糟的交易。我自己也有过这种疯狂的举动。通常，如果某只股票达到了止损点，我会马上放弃这只股票。接着我会回过头去看图表，看看是否可以从价格行为中学到什么，但我怀疑是否真的有交易员直接遇见了反转，价格走到正轨上来，而从来没有损失几美分。

在第一年做交易的时候，我的压力非常大，因为我是在为一个资本不足的账户做决定，而且那是从一个固定工作过渡到全职做冷冰冰的交易的时候。认识到连续亏几个交易不会击垮自己是个大进步。一步步地严格执行交易计划的各个方面也是个大进步。我没有做任何瑜伽，呼吸运动或任何诸如此类的事，但我也不会一整天就坐在屏幕前盯着。有时候股市就是在告诉你，很可能没什么钱可挣，还有的时候你就是没有跟上市场的行情。这种时候，我建议你去做做其他的事。这不是说我没有把交易当成自己的工作，我在交易上花的时间和我以前做过的任何固定工作一样多，但交易比我做过的任何其他工作更让我享受，也更加灵活。

如果你想学当日冲销的话，我觉得刚开始的时候有实战的指导至关重要，比如在聊天室里（是以交易为职业的人的聊天室，不是唇枪舌剑的场所）。你可以阅读自己想读的所有的书，我建议经常带着批判的眼光看，但我发现我读的每本书在我交易一年之后对我更加有用。就像你会反复告诉孩子不要去碰热烘烘的炉子，但除非他被烧到了，否则不会真正地去听。过后他会说："噢，现在我理解你说的话了。"我想最让我吃惊的事就是交易就像所有人说的一样，很难学会，比我做过的任何其他工作都要难。

我想，到现在为止对我来说最重要的认识就是我非常喜欢交易，我愿意花在交易上的时间比在任何其他工作上的都要多，所以我可以继续提高，继续做交易。

第四章 交易心理

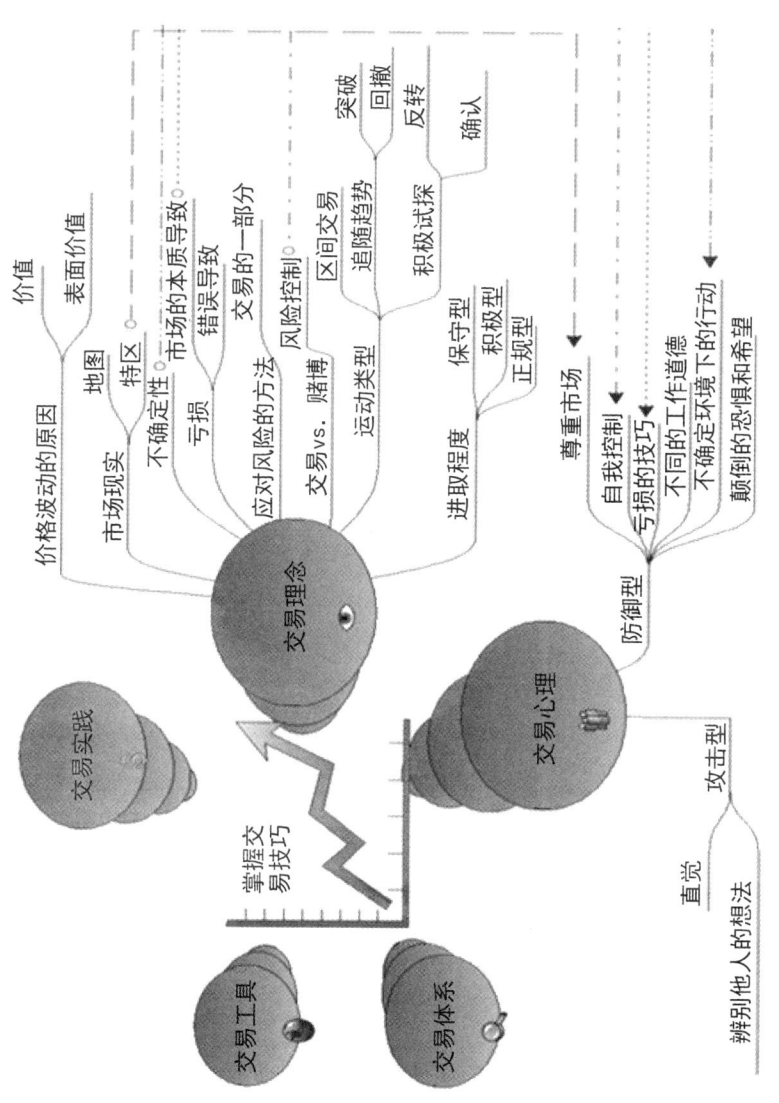

图4-2 掌握交易技巧

第五章　创建交易体系

必要的评论

开始建立自己的交易体系之前，我们得说说几个要点。

首先，我们说交易体系的时候，指的并不是任何自动的系统。为你的电脑做好交易的编程是个完全不同的话题，而且也不是这本书讨论的对象。我们这里讨论的是你根据自己的喜好和具体情况为自己建立交易体系。一定程度上说，可以是任意的体系，也就是说你自己决定要采用哪种信号，忽略哪种信号。你的交易体系也会改变，会发展，随着时间的推移，经验的积累，变得更加复杂，或更为简单。

其次，正如你已经知道的，坚持维系自己的体系，自律地执行是交易的关键。对懒散的交易员来说，最好的体系也没有用；高度自律的交易员可能可以用普通的交易体系挣到钱。

再次，这个时候不要太关注建立完美的体系。要认识到，世界上可以有，而且确实有无数的体系。你没有必要找到最好的，世界上压根儿也就没有"最好的"。你的体系也不用真的很奇特，不用很复杂，甚至不用从头到尾完全由自己设计。真正需要的是有逻辑，适合自己交易理念的一般方法。你的体系中的各种要素必须相互协调。作为你的第一个尝试，你可以用已经公之于众的某个体系。不过，在做出这样的决定之前，你得把这部分所讨论的整个程序都重温一遍。理解体系的各个要素和相互间的关系后，你就可以分析任何其他体系了，看看是否适合自己，然后对自己的体系做些改进。如果没有理解这些，不管是差劲的体系，还是好的体系，你是注定要输钱的，因为你不理解体系是如何工作的，为什么会产生作用。

既然你已经决定了自己将如何接触市场，现在是时候形成自己选择交易对象的方法了。这个过程有三个主要部分。

第一个是你准备交易的**时间结构**，第二个是你的**风险评估方法**，第三个是你准备用来解读市场的**方法**。确认完所有这些要素后，把它们放在一起。这样你就可以建立交易的核心——交易体系了。

我们为这部分画张思维导图（图5-1）。这部分的最后，我们会重新画一张，把所学的新知识都加进去。

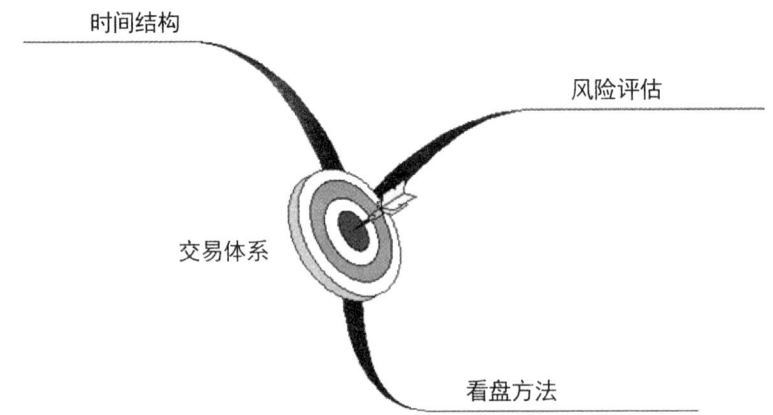

图5-1 建立交易体系的思维导图

时间结构

这方面主要关注的是，你是打算做当日冲销交易，还是持续持股的交易。这个决定很重要，因为这将影响你的交易策略的很多方面：股票选择的依据、资金和风险管理、仓位大小。这个选择同样还得符合你的个性。在这之前，你还要决定自己的交易方法：基本面数据，还是技术分析？这一选择也会影响你对时间结构的选择。做选择时，多加一个考量因素，就多了一个机会来审视自己的决定，确认决定是否适合自己。

一般来说，我们在**长线交易**、**波段交易**和**当日冲销**之间进行选择。

我们来看看这几个术语在本书中的定义。

长线交易：可以几周、几个月，甚至数年持续持有某种股票。这种交易和长线投资有点接近。这种情况下，你得分散买入多只股票，每只股票买入的数量要少，对个别公司和行业的基本面进行分析。公司报告、财务报表、行业状态、公司在相关细分市场的位置、国家的总体经济情况、不同行业的趋势都会影响你的选择。对于你进场、退场的时间，应以自己的时间结构所显示的走势图为基础做出决定。这是辨别购买股票行为的主要标准，说明你是做交易的，而不是投资。

波段交易：一般来说在几天到几周的时间内完成。做这种方式的交易，你对技术分析的依赖性比较大。虽然公司基本面还是很重要，可以让你确定自己看中的公司的财务状况良好，不会一夜之间消失，但这方面的关联比技术分析要少一些。如果采用这种交易方式，行业趋势和市场一般方向一样，也挺重要。虽然波段交易要综合运用基本面分析和技术分析，与长线交易相比，其技术分析对交易决定的影响要大得多。你仍然要隔夜持仓，所以你可能会遇到消极的行情，让自己无法维持止损点。这会影响下一节我们要讨论的风险管理。

当日冲销交易：通常在一天内建仓并平仓。多数情况下，隔天你就有现款了，不用担心负面新闻事件。当日冲销交易还包括抢帽子———一种你在单个市场运动行情上获利了结的交易方式。这时候，你不会耐着性子等到回调。抢帽子是短线交易中最"干净"的，风险控制极为严格。当日冲销交易，特别是抢帽子与公司的基本面几乎没有关系，主要依赖技术分析、看盘和动能。它的风险控制和长线交易、波段交易差别非常大。

你可能在其他地方也见过这些术语的定义。不过本书中，上述定义所给出的信息足够你理解这些术语了。

这里没有好或差的选择，只有不同的交易方法。很多因素可以影响你的选择。不过有件事得说在前面：你得自己做出选择，不能在看到行情不好的时候做出改变。我的意思是说，如果开始选择当日冲销，市场在当日快结束的时候显示有亏损，不能仅仅因为你自己不想亏钱而不在当天全部卖出，继续持有这只股票，或者等待行情好转的时候。这可能是最糟糕的处理方式，会麻痹你，束缚你，有可能最后带来巨大的损失。

我们来看看影响选择的因素。

外部环境及影响

你是想成为全职交易员，还是把交易作为日常生活的调剂品？交易会成为你的主要收入来源吗？还是额外收入？你会投入多少资本进行交易？

如果你有另一份全职工作，整天都很忙，你最好在长线交易和波段交易之间选择。如果你可以每天都盯着股票，你可以在波段交易和当日冲销交易之间选择。你还可以把更长的时间结构作为"试验阶段",看看自己是否想用这种方法挣钱,而不是马上做出决定。或者,你也可以在刚开始的学习阶段采用更长的时间结构,作为对全职交易的缓冲。此外,这种方法所需的时间更少,所以用这种方法开始一般是个好主意,在试验阶段不要花太多的时间。

如果交易是你的主要收入来源,那么你从交易账户里取出钱来维持日常开销的次数要比那些有其他全职工作的人更多。所以,短期的时间结构对你更有吸引力。

可用来交易的资金对交易的影响更加复杂。如果只有几千美元,你可以用多种投资组合做长线交易,看看时间长了能否得到更大的收益,你也可以做快节奏的抢帽子,一天之内让资金进出好几次。用小额账户做活跃的股票交易有不少限制,但期货却可以这么操作。账户金额更大的话可以采用更长或更短的时间结构。无论哪种情况,我都强烈建议你从小金额开始,在你向自己证明自己可以获利之后再增加资本。

内部因素

做这个选择的时候,还得符合你的个性和风险承受能力。

如果你是稳重、有耐心、有分析能力的人,可能对抢帽子会感到不自在。长线交易和波段交易可能是你的最佳选择。如果你脑子转得快,有很强的直觉,较长的时间结构可能会让你觉得无聊,你对当日冲销交易和抢帽子可能更感兴趣。这并不是说只有直觉强的人才适合做当日冲销交易,只是说明直觉强的人不太愿意处理长线交易,长线交易要做的分析工作太多了。

风险承受能力有多面性。大家认为短线交易的风险更高,但现实中也不一定。大家普遍存在一个困惑:在整个交易周期交易风险高,但在某个特定时间结构交易的风险可能高,也可能低。

既然你已经选择了怎样试手，可能已经考虑了风险因素。选择时间结构的时候，想一下，在更短的时间结构里，你对事物的掌控更强一些。如果你是当日冲销的交易员，新闻事件引起的第二天的波动对你几乎不会产生任何影响。如果你是个帽客，那么你的市场风险非常有限，所以自己几乎能完全控制风险。如果你是个长线交易员，要考虑利空因素带来的所有风险，你要控制自己的仓位和投资组合。通常来说，时间结构越短，可控性越强。另一方面，更短的时间结构可以进行更频繁的进场、退场，这种频率有可能正如你所愿，有可能并不是。最后，我们要谈这个问题了——你希望自己怎样控制风险？是通过持股时间（当日冲销交易和抢帽子），还是通过持仓量和分散投资（长线交易和波段交易）？

下面的思维导图（图5-2）包含了影响时间结构选择的因素和受时间结构影响的因素。下面我们来解释这张图：很简单，L代表长线交易，S代表波段交易，D代表当日冲销交易。为自己的选择作上标记，看看图表向你建议的时间结构是什么。然后，看看你的选择影响了哪些要素，决定自己怎样对待这些要素。记住，选择后，你并非今后一定要受制于这个选择。和所有事情一样，这个选择也可以改变。

同样，你还得记住，就算要在更小的时间结构里管理自己的交易，你也得经常看看更大的局势。即使是做当日冲销交易，交易员通常应该看看某只股票在日线图上的表现，以及几周、几个月的表现。

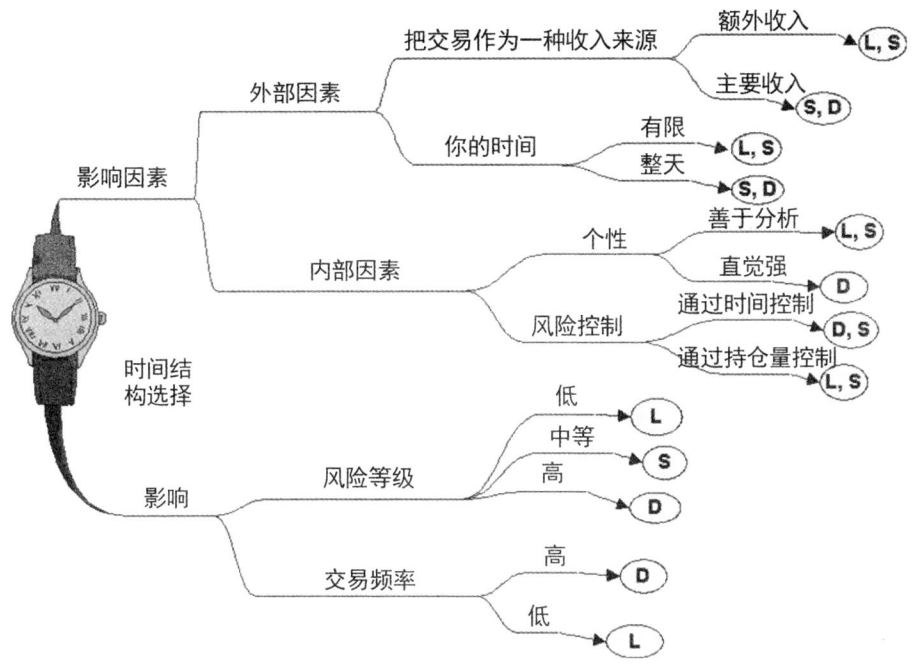

图 5-2 时间结构选择的思维导图

风险评估和控制

风险评估是准备工作的关键要素，很可能是最关键的。这是你的安全网络，是你在学习交易的过程中不会被踢出局的保障。即使交易技巧逐渐娴熟后，风险评估的重要性也不会降低。缺少正确的风险控制是大多数失败的唯一原因。

我们在刚开始的时候就设立一个基本原则：**风险控制第一；获利机会第二**。现实中，这意味着如果某个交易的风险超过你原有的计划，那么，不管这个交易可能获得的利润多么诱人，你应该放弃，或调整该交易的参数。"要么赢得全部，要么什么都得不到"的方式导致"什么都得不到"的机会比"赢得全部"的次数多得多。我们所说的调整是利用风险控制，把交易调到你能输得起的范围内，即便这样的调整可能导致利润降低也在所不惜。减少持股数量可以作为一种调整方式。在风险和可能获得的利润之间有种天然的关系：降低其中一方，另一方也会减少。最佳办法就是找到高度平衡区，其中严格的风险控制仍然会给你足够的利润空间，这样的交易是值得做的。

风险控制的构成有：资金管理；交易评估；股票评估；风险管理。前面三个都是在交易开始前应该确定的，而且实际上是你前期交易选择的组成部分。风险管理这个问题在你交易的过程中出现，指导你管理交易。所有四个方面共同构成了你交易计划中最重要的部分。交易计划的任何其他方面在你作为交易员的成长过程中都可以调整，而且如果你在一开始的时候没有设置正确，也不是什么大问题——甚至是预料之中的事。然而，风险控制的后果就要严重得多了。你最好在一开始就尽可能地设置"正确"，如果有必要纠正，最好尽早纠正。其他任何方面的错误或不合适可能只是今后要改正的问题，但风险控制方面的错误如果没有及时发现，并予以纠正，会带来真正的麻烦。

资金管理

我们先要说清楚，我们不是要深入研究资金管理的复杂算术。如果你喜欢数学，可以在专门讨论这种算法的书中找到深入的分析。不过，如果你和大多数人一样，更喜欢常识性的方法，对于做交易才几年的人来说，甚至你的整个交易职业生涯来说，基本知识就足够了。

你的资金应该在不同的时间结构中进行区别管理。我们前面说过，长的时间结构要求分散投资和小笔交易；短的时间结构可以做更大的仓位。我们把这个因素拆成两部分：

1. 行情低迷时你准备接受的损失大小。

2. 投入单笔交易的资金大小。

第一部分是你交易的关键一环。一般来说，我建议把单笔交易的亏损大小控制在交易金额的 2% 以内。这个建议针对的是经验丰富的交易员，对于交易新手，应该控制在 1% 以内。在学习交易的过程中，你可能遭受的损失比以后更多，为了让自己不出局，理智的做法是采取严格的风险控制。这样，可以为初始时期的亏损留有空间。在《交易实践》部分，我们再深入讨论这个话题，从第一步开始进行深入探讨。

第二部分对长的时间结构更为重要。做当日冲销交易和抢帽子的时候，你可以把自己交易账户里的大部分钱投入到一笔交易中，因为你马上就可以清仓，把钱挪到其他地方去。在较长的时间结构中，你需要把自己的资金分散到好几个仓中。既然你在更长的时间结构里解读市场波动，止损点会高得多。对于每个交易建多大的仓，没有严格的指导标准。通常，你可以考虑把自己的资金分散到 10 至 15 个同时进行的长线交易，以及 5 至 10 个波段交易中。如果止损点设置和资金分布给出了你不同的数字，那么你得选把风险控制得最紧的数字。

> 💡 保证金考虑。保证金是个很强大，也很危险的武器，可以大大增强购买力，但也存在潜在亏损的风险，可以拿走你的全部，让你陷入负债中。我们建议你仔细研读具体的经纪人保证金要求。保证金可以在风险较低的当日冲销交易中使用。在长线交易中，通常用自己有限的资金交易更好。任何情况下，交易新手都应该避免在长线交易中使用保证金，在当日冲销交易中使用的时候也要当心。

交易评估

这部分和前一部分联系得非常紧密。你已经形成了自己的资金管理原则，现在需要评价股票是如何与自己的标准相适应的。

对任何交易的风险评价方法都取决于时间结构。对长线交易员来说，基础数据在评价过程中发挥着重大作用。如果你想把自己投资组合中的某只股票持有几个月，就得以公司的财务数据和研究评述作为信息支撑。你的调查应该回答这么一个问题：这个公司有没有可能破产，是不是无法确保融资成功，或者是否会卷入其他的麻烦中。

对于较短时间结构的交易员来说，技术分析可以回答某个交易的风险有多大这样的问题。我们前面说过，我们希望把自己在单笔交易中的亏损控制在1%以内。不过，等一等！我们是不是在《交易理念》部分说过，如果价格达到自己设置的止损点，就意味着该结束这笔交易了，但没有说要清理自己的交易资金？是的。这里也没有矛盾。这就是选择仓位大小的时候：比如，你把止损点设置在图中支撑位的位置，为了符合风险管理要求，你对自己的仓位大小进行相应的调整。

我们举个例子来说明。为了把事情说得简单点，我们现在不考虑手续费和滑点的问题。如果你的交易资金是25000美元，作为交易新手，你会希望自己任何单笔交易的风险不超过250美元。如果你的架构显示止损点应该比进场价格低25美分，那么你可以买卖1000股。如果止损点比进场价格低50美分，你得将股票数量调整为500股，以便把风险控制在自己计划承受的范围之内。

交易员用这种方式处理问题，把交易的风险评估和先前做出的资金管理决定相比较,并为这笔交易在自己的计划中找出合理的仓位大小。

股票评估

风险评估的这个阶段测算隐藏在某只股票行为背后的危险。这一阶段的目标就是评估可能的滑点。如果目标位置没有足够的股票,滑点就会出现,所以你很可能要加仓,比预期的更糟糕。有滑动倾向的股票不能立即变现。现在从这方面看看四个要素:

1. 股票自由流通量
2. 成交量
3. K 线图或蜡烛图
4. 第二级

股票自由流通量是可以用来交易某只股票的数量。在任何财经网站上都很容易找到。有一个普遍的规律,股票自由流通量越少,股票的波动越大。自由流通量少的股票(最多 1000 万股)受到关注后交易量会暴增。股票可以波动得非常快,以致很难来得及止损。这种股票很容易出现滑点。股票自由流通量大,比如几亿股的情况,保证了缓慢、稳定的波动,更容易处理。这种股票一般不容易出现滑点。

成交量是股票危险程度的指标。一天低于 100000 股的成交量非常小。虽然股票受到大众追捧的时候,其成交量会大为放大,但一般大小的成交量对股票来说比较重要。一般来说,每天成交量在几百万股的股票波动更为平缓。

K 线图或蜡烛图。看 K 线图,评价走势是否看起来平缓,还是波动得厉害,活跃和不活跃的时候差距巨大。不规则、断开的 K 线或蜡烛更加危险。

我们对比下面两张图。第一张（图5-3）是美国生物技术公司（SEPR）的走势图。

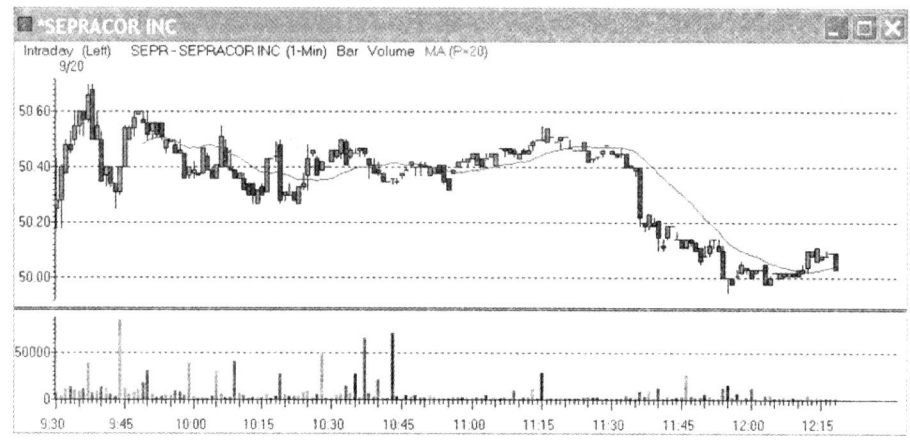

图 5-3　SEPR 走势图

这只股票当日活动在60美分的区间内，有根蜡烛长达20美分。蜡烛排列混乱，而且突然间改变方向。现在，把这张图和英特尔公司（INTC）的走势图（图5-4）比较看看：

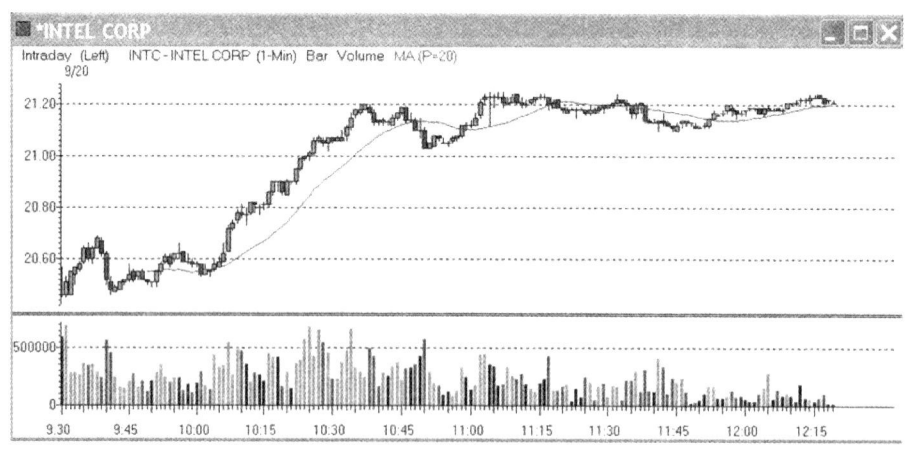

图 5-4　INTC 走势图

INSP	▼ Last: 46.27	Change: 1.88	Volume: 1,327,027
High: 46.90	Low: 44.29	Open: 44.74	Last Trade: 12:06:10
Bid: 46.24	Ask: 46.31	Close: 44.39	Last Vol: 100
Size: 400	Size: 500	Spread: 0.07	Mkt: NNM

MPID	Price	Size	MPID	Price	Size
SIZE	46.24	400	ARCX	46.31	500
ARCX	46.24	100	SIZE	46.31	100
CINN	46.22	500	BRUT	46.33	300
BRUT	46.15	900	CINN	46.34	500
GSCO	46.14	100	PERT	46.40	100
SCHB	46.10	300	GVRC	46.50	400
SBSH	46.10	100	NITE	46.50	300
GVRC	46.05	1000	PRUS	46.50	100
NITE	46.00	1000	GSCO	46.51	100
DBAB	45.78	100	MADF	46.54	300
PRUS	45.75	100	SBSH	46.60	100
PERT	45.73	1700	BOFA	46.70	100

图 5-7　INSP 第二级

对于波动最大的股票，你甚至可能发现价差高达 2-3 美分，或者更高。这些通常是无法立即变现的股票，股票自由流通量极少，成交量也小。

正如你所见到的，这四个因素相互联系，通常都是共同发生作用的。你把四者综合在一起，就可以很好地评估一只股票的风险了。

我们现在来试试，把准备阶段的三个要素也放在一起。你已经设定了单只股票交易的最大损失为 250 美元。比如，你评估了交易，确定在 25 美分的位置止损的话可以买进 1000 股。接着，你算了算可能发生的滑点，判断很可能在 1 美分的位置出现。这样，整个止损点在 35 美分的位置，你得把自己的持股量从 1000 股砍到 700 股。现在，你在风险方面的准备工作就完成了。

问答整理

问：
我在哪里可以找到股票的自由流通量呢？

答：

很多制图工具提供了这种信息。你也可以在任何财经网站上找到，比如雅虎，后文资源中提到的一些网站上也可以找到。

最后，我们的最后一个问题就是风险控制。你已经了解自己要做的交易和股票，上面的所有分析，自己的资金管理方案也制定好了，你需要在交易中管理自己的风险。这是我们最后一部分《交易实践》的组成部分。我们在这里提到是因为风险控制是我们所讨论的所有概念的基础，先讲一讲可以让思维逻辑连贯起来。在最后一部分，我们要把风险这个话题拆开来讨论，看看到底应该怎样管理。

市场判读方法

这是交易计划的一部分，决定了你如何解读市场的波动。其方法数不胜数。你在自己整个交易生涯中会调整、锤炼自己的方法。即使是使用某个单一的方法，你也可以进行无数的修改。从学习现有的方法开始，交易员可以发现适用自己的组合，然后把这些方法整合在一起，直到得到自己想要的结果。这个过程后面会慢下来，但永远不会真正停止。我们把现有的方法分为三大类，分别是基本面分析、看盘和技术分析。三者之间的区别可以用几个词来解释：用基本面分析做交易要看公司信息和产品质量，而看盘和技术分析看的是股市里的玩家。

基本面数据是公司的信息，在公司业绩和评论方面与整个市场相联系。这是长线交易不可或缺的一部分。虽然其中的有些信息可以用在更短的时间结构上，但其重要性对波段交易员，特别是对当日冲销交易的交易员来说更低，对于抢帽子的玩家没有实际作用。

看盘，和名字读起来的意思不一样，并不仅仅是观察收报器。收报器和股票行情指标都是看盘使用的工具而已，但现代社会出现了更为便捷的工具，使看盘的效率更高。这是技术分析最原始的形式，用来处理任何市场运动的本源——价格和成交量。看盘在任何交易方法中都有所体现。无论你选择哪种交易方法，都应该学习看盘的基本方法。看盘对应的是我们前面说过的攻击型交易心理——解读其他市场参与者的情绪。

技术分析——基于图表、指标和研究的市场判读方法，可以追踪特定的模式，预测未来最可能出现的运动方向。

交易计划

交易计划表：我的交易体系

我计划的时间结构是＿＿＿＿＿＿＿＿＿＿＿

我的亏损限额是＿＿＿＿＿＿＿＿＿＿＿

我通过限定仓位大小来控制风险，所以根据计划的止损大小，亏损应该不超过＿＿＿＿＿＿＿＿＿＿＿

每次交易我交易＿＿＿＿＿＿个仓。

我投进任何单笔交易的资金是＿＿＿＿＿＿＿＿＿＿＿

我每天（每周、每月）的亏损限定在＿＿＿＿＿＿之内。

对于保证金，我＿＿＿＿＿＿＿＿＿＿＿

为了管理每笔交易的风险，我制定了以下标准：

成交量＿＿＿＿＿＿＿＿＿＿＿

价差＿＿＿＿＿＿＿＿＿＿＿

股票自由流通量＿＿＿＿＿＿＿＿＿＿＿

棒或蜡烛的最大长度＿＿＿＿＿＿＿＿＿＿＿

第二级的交易订单大小＿＿＿＿＿＿＿＿＿＿＿

如果评估的滑点高于＿＿＿＿＿＿，我不会做这笔交易。

我用＿＿＿＿＿＿（方法）判读市场。

基本面分析的基础

安德鲁·格雷塔在 TheStreet.com 上对基本面分析的介绍完美解释了基本面分析这个基本方法。

"对市场固有价值的判读基于两个大的假设。第一个是资产的市场价格可偏离其内在价值。那些追求'高效市场假设'的人认为这个观点滑稽可笑。他们认为市场价格只能是资产真实价值的反映，而且及时反映了该资产未来任何时候的所有信息。

批评者认为高效理论只可能出现在理想状态中，但在现实世界里，情况有点复杂。信息流被延迟、扭曲或传递得不完整。更重要的是，人类会加入主观因素，通常是对其周围世界没有逻辑的看法。你还能怎么解释事件呢？比如经典的荷兰郁金香在17世纪遭受的惨败？当时，荷兰人因为投机热潮而疯狂，把一枝郁金香的价格拍到相当于今天4万美元的高度。或者来说个最近的事件——美国网景 Netscape。为什么投资者为一家到今天为止只是有了点收益的公司支付每股70美元，甚至更高的价格？

假设你接受内在价值的观点，基本面分析第二个大的假设是，虽然事情有时候变得不正常，但资产的市场价格最后会与其真实价值吻合。也就是说，虽然经常出现价格下挫和非理性上涨，认为高质量的股票总体上长期都会上扬是个准能赢的赌博。基本面分析者的关键策略是在价格达到或低于内在价值的时候买入，在高于内在价值的时候卖出。"

第一步是分析公司的**资产负债表**。

公司的**资产负债表**是公司所有资产和负债的列表，代表该公司的总体财务结构。这份文件表明该公司的财务状况。资产负债表分为三部分，表的左右两边必须相等。

资产：公司所拥有的价值	负债：公司所欠的价值
	股东权益：公司的"资产净值"
资产 =	负债+股东权益

资产负债表中的资产按照流动性的降序排列，从公司拥有的现金到地产。负债也是按同样的顺序记录（应付款项后即是长期债务）。"流动"资产是短期内（通常一年以内）可收到的任何资产；公司在相同时间内欠下的债务称为流动负债。下面是些最重要的会计术语：

- 每股账面价值
- 账面价值的价格
- 每股现金值
- 流动率
- 权益负债率
- 总现金值
- 总负债

账面价值是指资产负债表中的资产，按照原始价值减去折旧计算。账面价值大体体现了公司清算时的价值。如果把账面价值除以已发行的股份数，则可以得出每股的账面价值。如果某家公司的市场价格大大高于账面价值，其股票很可能估值过高（虽然就这样看待这个因素有点过于简单）。

将一只股票的价格分成每股账面价值的等份，可以得出**市账率**。将其与某行业的平均值对比，如果结果大大高于行业平均值，则该股票的估值过高；如果结果大大低于行业平均值，则说明此时是买入估值偏低的股票的好时机。

流动比率是流动资产与流动负债的比率，可以用来衡量公司的支付账单，为运营和发展提供资金的能力。虽然有些行业对稳定运营要求更高的比率，但通常2已经足够了。同样，高速发展的公司要求更高的比率，以便持续做大，而知名公司可以在稍低的比率下运营。

用长期债务金额除以股东权益（总资产减去总负债的余额）得出**负债权益比**。将其与行业平均值对比，如果该比率大大高于行业平均值，则投资者需要当心。如果该比率低于平均值，则是买入的好时机。一般来说，如果负债权益比大于1，就要当心了。

学了基本的术语，查询了下文所列的资源后，读者应该能够快速对简单的资产负债表做出评价，判断一家公司的财务实力了。评价一家复杂的大型公司明显需要更多的时间和精力。你得判断这个分析过程会变得有多复杂。你可以跟踪资产负债表容易分析的公司的股票，避免涉入那些资本结构复杂的公司。当然，两种公司的数量都不少。

基本面分析的第二步是分析**损益表**。

损益表是种显示公司赚了多少钱的文件，可以显示单个订单收入和支出的概况，在预测未来利润的时候发挥着重大作用。收入之后紧接着就是支出（做业务产生的费用）。用收入减去支出，得出的不是利润就是损失。损益表通常在每个季度（3个月）和年底（12个月）的时候出具。

记住有一个重要的不同，在某种程度上会让损益表分析更为复杂。损益表上记录的收入并不一定是公司已经收到的实实在在的现金。公司卖出产品、服务的时候，可以在客户还未实际支付款项的时候就作为收入录入损益表中。同样，在公司已经使用了购买的资产但还未付款的时候就可以把支出录入损益表中。

下面是些最重要的会计术语：

- 市盈率
- 市售率
- 利息覆盖率
- 收入增长
- 收益增长
- 利润率

市盈率（P/E）是用股票价格除以每股收益，再除以已发行的股份数。市盈率是公司对行业平均值的相关测算方法。有人认为低市盈率的公司比高市盈率的公司更好。虽然这是个好的开始，但未免把事情看得太简单了。

市售率是用公司的股票价格除以毛收入的所得，反映了公司的相对市场估值。

利息覆盖率由税前和利息支付前的收益除以利息支出得出，表明一家公司是否有能力支付利息，可以用其流动收入支付多少账款。通常，人们认为利息覆盖率在3至4之间就够了。

利润率是净收入除以销售额（毛收入）的结果，反映了公司销售方面带来的利润。与行业平均值相比，该值表明了公司的相对效率。

分析上面所有数值的动量，坚持一段时间，来看看公司的发展情况如何。

收入增长和**收益增长**反映了公司一段时间的动量。

这两部分仅仅是基本面分析的基础知识。你应该看出来了，基本面分析压根儿就没有确切的科学。上面讨论过的数值和比率也可以从不同的角度来解读。同样，你也可以考虑些其他的因素，做些其他的研究，甚至深入研究这个公司——产品、技术、发明、创新，还有很多其他方面。你可能还想了解管理层的更多信息，跟着内部人士的步调买进卖出。

基本面分析的资源

http：//news.yahoo.com/news？tmpl=index2&cid=749

只要在框中输入股票代码，然后点击"获取报价"按钮，就会出现一个窗口。在该页面的左侧列有很多选项，点击"资产负债表"，最新的资产负债表就出现了。

http：//www.nasdaq.com/asp/quotes_sec.asp？symbol=INTC&selected=INTC&page=filings

在"添加"旁的框中输入股票代码，点击"添加"，最新的证监会文档就会出现。季度资产负债表数据可以在表10-Q中找到，年度资产负债表数据可以在表10-K中找到。

交易计划

交易计划表：基本面分析的交易体系

我对达到下列标准的股票感兴趣：

板块：

股票价格

产品

我的进场标准 _____

_____

_____

我的退场标准 _____

_____

_____

我的止损标准 _____

_____

_____

看盘基础

看盘原则可以追溯到 400 年前。一旦人们对某个产品或装置的表面价值或内在价值产生意见分歧，就有投机空间了。看盘原则正好把你带进投机竞技场的中心，以成交量比率的方式将价格变化与大众行为联系起来。

看盘人认为价格变化与成交量有关，可以研判股票下一步的走势。观察者因此可以理解少数人的行为，最后，多数人一齐扎堆。这些原则可以用在个股的运动上，也可以用在更广范围的市场运动上。

看盘原则说明多数人通常是错的。市场上各个层面的承接和出货表明，少数人（主力）参与度深入的时候，大众通常都一无所知，直到这少数人认为时机到了，平仓卖出，多数人才买进。我们在任何时候都可以看到无数这样的例子。市场就是个折现机器，大部分人都是在错误的时候进场、退场。公众是行情的最后参与者，所以当公众扎堆的时候，再转手就没有人买了，也就到了该价格运动的最后阶段了，接下来就是反转。多数人卖的时候也是如此，股票都卖空了，只剩下买家了。

我们看到过投降式抛售阶段的很多例子。多数人形成了强大的卖出压力，导致市场疲软。他们在集体卖出的时候参与进来。同时，少数人（主力）发现了大量卖出导致市场疲软的时间点，便颠倒过来做多。集体做多的时候也一样。多数人认为自己似乎错过了主要的市场行情，无法看着股价上涨而无动于衷。因此，多数人疯狂买进，导致市场也疲软了。接着，少数人开始将自己以更低价承接的股票出售给买家。

这种出货和承接的循环对那些可以读懂市场，在多数人忽略的时候进场的少数人有利。看盘原则让你明白少数人是如何参与，如何从制造群体运动的多数人那里获利的，而这个点正是当前趋势的短期止损点。

要区分精明投资者和大众的行为，主要看**价格运动和成交量变化的特点**。通常，精明投资者的行为可以看作价格缓慢变化的过程，其间成交量的增长缓慢或稳定。大众行为总表现为价格疯狂地呈抛物线式上扬，几乎是垂直运动，成交量也迅速放大。

看盘原则

1. **趋势开始（积极承接或出货）**

成交量平稳、价格缓慢稳定上升，暗示了所谓的"买盘的好时机"，意味着开始了上升趋势。

这个阶段，少数人，也就是主力，开始默默地承接。他们小心地买入，为了不产生价格暴涨的局面，也为了躲开公众的视线。

出货的时候，情况也是一样，只是运动方向相反（下跌）而已。

2. **趋势确认（积极承接或出货）**

这是运动的下一个阶段。此时，价格上涨第一次吸引了公众的视线。公众参与进来后，成交量放大，价格爬升的速度虽然还是相对缓慢，但已经加快了。

出货的时候，情况也是一样，只是运动方向相反（下跌）而已。

3. **非理性的疯狂/投降**

价格爬升加快，基本上呈垂直运动，成交量急剧放大。这种情况通常不会持续很久，很快就会结束（非理性的疯狂）。

这个阶段，价格运动或面向公众的消息发布会吸引广泛的关注和参与。公众一齐涌过来，从主力手上买进股票，而这是主力在前两个阶段承接下来的。

前三个原则描述了价格运动的主要阶段。下面的原则将帮助理解这些阶段发生的某些临时价格模式。

价格下跌加剧，几乎是垂直下跌，成交量放大。这种情况通常不会持续很久，很快就会结束（非理性的疯狂阶段）。这是同一个趋势的最后阶段。

4. 小幅回撤趋势的持续

如果价格上涨，成交量放大，且伴有成交量小幅回撤的现象，则意味着上升趋势将会持续。

这种情况说明买家比卖家更为激进，更愿意进行交易。价格的上涨增强了买家的信心，吸引了更广泛的参与。另一方面，回撤不会吸引太多的卖家，因此找到了强有力的支撑。

5. 成交量逐渐萎缩，出现反转

买入的节奏放缓，成交量萎缩，意味着这个价格运动阶段的峰位就在附近。

这就是通常所指的"买盘元气耗尽"。价格上涨也未能吸引更多的关注，而且由于没有新的参与者，价格运动发生反转。

6. 消极承接/出货

买入数量大，但价格没有多少变化，意味着在出货，而且到达了压力位。

卖出数量大，但价格没有多少变化，意味着在承接，而且到达了支撑位。

自发的出货和承接并没有暗示该采取什么行动，只是代表了一定的支撑位和压力位，可以作为参考，形成架构——我们设定进场点和出场点的结构。

我们再进一步看看，看盘到底指的是什么。看盘其实就是为了分析、区分精明投资者行为和公众行为的方法，可以用作单独的分析方法，也可以作为另一种分析方法（不管是基本面分析还是技术分析）的基础方法或补充方法。大家经常问，看盘和技术分析有什么关系？这两者不能完全区分开来。看盘是根基，而技术分析研究和指标是衍生出的绿叶，扮演着诠释者的角色。市场用原始的语言——价格、成交量和走势——向我们传递信息。你可以自己按照市场的语言来理解，或者在某个范围内借助诠释者来理解。不论你最后选择了哪种方法作为自己的主要工具，看盘都是个很棒的测算方法，可以检验你的结论。

看盘资源

http://www.realitytrader.com/Tapereading.asp#tapereading

技术分析的基础

在我们谈技术分析以前，我想说说经常出现的一个问题。这个问题总是以这样的话开始"技术分析不管用"，然后就开始列举无数的例子，"指标说是这个方向，但价格却走了相反的方向"，或者"走势图预计会出现某些波动，结果却相反"。这些都是常见的误解，源自错误的观念——技术分析是用来做预测的。所以，每当预测不准，大家就怪罪到技术分析头上。我们来把头绪理一下：世界上压根儿就没有可以预测价格走势的工具。这不是技术分析的目的。技术分析是为了分析行为，向你提供分析结果，从而帮助你做出决定。管用、不管用，都是你的决定造成的，就像显示外面温度的温度计。你是否会觉得更冷，温度计是不会告诉你的。同样，技术指标也不会告诉你下一步会发生什么。拿温度计来说，是你的行动决定了自己在外面会不会冷：你可以穿毛衣或泳衣，如果你选错了，就会感到不舒服。指标就和温度计一样,显示了些数据——他们原本的作用也就是如此而已。如何利用你交易体系里的指标,将决定你行动的结果。因此,"技术分析管用吗?"这个问题一点意义也没有。技术分析只是给你一些信息,你自己在此基础上做出反应。还有,技术分析不会预先告诉你未来。

下面是技术分析的前提。市场变化是交易集团各个行为结合在一起的结果;如果人的行为采取某个模式,那么市场也是如此。因此,走势图是这些行为的图形表示,从中可以找出那些模式。当然,模式是靠一系列的数据推理出来的,一个单独的例子无法用来推测。

技术分析师以走势图为基础对价格运动进行研究,从而确定未来可能形成的价格。基本原理就是1900年左右查尔斯·道提出的道氏理论,包括价格趋势的性质、价格消溶一切已知信息,相互验证和相互背离,成交量反映价格变化,以及支撑/压力等原则。你可以看出来,看盘和技术分析之间存在明显的联系。我们先来看看道氏理论的主要原则,这可以让我们顺利地完成从看盘到技术分析的过渡。

1. 平均价格指数消溶一切

个股价格反映了该证券的一切信息。出现新信息的时候,市场参与者快速传播信息,价格也因此做出调整。同样,市场平均价格消溶并反映所有股市参与者所知的一切信息。

2. 市场由三种趋势组成

在股市的任何时候,这三种力量都产生作用:主要趋势、次级趋势和小趋势。

主要趋势可以是牛市(价格上升),也可以是熊市(价格下跌)。主要趋势通常持续一年以上,甚至数年。如果下一个上涨的水准超过前一个高点,而每一个次级下跌的波底都较前一个下跌的波底高，那么，主要趋势是上升的。相反，当每一个中级下跌将价位带至更低的水准，而接着的弹升不能将价位带至前面弹升的高点，主要趋势是下跌的。

次级趋势是对主要趋势的修正反应，通常持续一至三个月的时间，然后回撤到先前次级趋势三分之一至三分之二的位置。

小趋势是持续一天到三周的短期运动。次级趋势其实就是小趋势的组合。道氏理论认为，既然股票价格短期内会受到某种程度的操纵（主要趋势和次级趋势却不会），所以小趋势不重要，还可能产生误导。

3. 主要趋势有三个阶段

道氏理论认为，在第一阶段，有远见的投资者预计将出现经济复苏和长期上涨行情，从而大量买进。这个阶段，投资者普遍认为"市场萧条"、"不景气"，而有远见的投资者认为一定会出现拐点，所以大量吸纳那些信心不足的卖家所抛出的股票。

第二阶段的特点是公司盈利增长，经济情况好转。投资者开始承接股票。

第三阶段，公司盈利创新高，经济形势大好，达到顶点。大众（已经在足够长的时间里忘记了自己上一次的"损伤"）现在欣然进入股票市场——想象股市价格会飞到月球上去。大众现在买进更多的股票，形成热潮。这个阶段，在第一阶段疯狂买进的少数投资者因预计将出现价格下滑而开始卖出股票。

4. 各种平均指数必须相互验证

工业指数和交通运输指数必须相互验证，才能得出趋势变化的结论。两种平均指数必须延伸，覆盖先前的次级峰位（或谷底），才能证实趋势的变化。

5. 交易量必须验证趋势

道氏理论主要关注价格运动，成交量只是用来验证不确定的情况。

成交量应该在主要趋势的方向上放大。如果主要趋势是下跌，则成交量应在市场下跌的时候放大。如果主要趋势是上涨，则成交量应该在市场价格上涨的时候放大。

6. 只有反转趋势明确显示出来，才意味着一轮趋势的结束

如果下一个上涨的水准超过前一个高点，而对于每一个次级的下跌，其波底都较前一个下跌的波底高，则上升趋势形成。上升趋势要反转，则价格必须出现一次上涨的水准低于前一个高点的情况，而且必须有一次次级的下跌（波底低于前一个下跌的波底），从而形成下跌趋势。

主要趋势的反转由工业指数和铁路运输指数共同发出信号，新趋势持续的几率最高。然而，趋势持续的时间越长，趋势维持原样的几率就越来越低。

技术分析很复杂，无法在这本书，或者任何一本书里说清楚。我们接下来谈谈主要的分类和基本信息。如果你准备做个倾向于技术分析的交易员，那么还应该看更多的书和资源。

我们从下面的基本概念开始：

开盘价——是某一阶段第一笔交易的价格（比如当天的第一笔交易）。分析一天的数据时，开盘价很重要，因为是前一个阶段消化、分析了所有事件之后达成一致价格的表现。

最高价——是某一阶段某证券的最高价。此时卖家比买家多（比如，总有卖家希望能卖出更高的价格，但最高价代表了买家愿意出的最高价）。

最低价——是某一阶段某证券的最低价。此时买家比卖家多（比如，总有买家希望能以更低的价格买入，但最低价代表了卖家愿意接受的最低价）。

收盘价——是某一阶段某证券最后成交的价格。大多数技术分析者认为开盘价（第一笔交易价）和收盘价（最后交易价）至关重要。其关系在K线图中予以强调。

价格点在K线图或蜡烛图上表示。下图（图5-8）是对K线的解读：

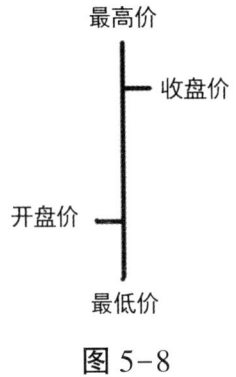

图 5-8

下图（图5-9）是对蜡烛图的解读：

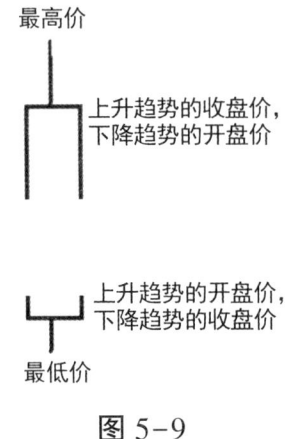

图 5-9

蜡烛的颜色代表是上升趋势还是下降趋势。白色或绿色（空心）蜡烛代表上升方向（收盘价高于开盘价），黑色或红色（阴影）代表下降方向（收盘价低于开盘价）。

支撑位和压力位

1. 价格不会继续跌到更低位置时形成支撑位，买家数量超过卖家。

2. 价格不会继续涨到更高位置时形成压力位，卖家数量超过买家。

3. 突破支撑位或压力位意味着投资者的期望出现变化。

4. 在确定期望变化的大小时，成交量是有用的。

5. 压力位成功被突破后形成新的支撑位。同样，支撑位被突破后形成新的压力位。

技术分析工具

我们会列举一些最常见的研究方法和指标，但你不要指望从这本书里就能学到那些工具的所有知识。我们只是给你个大概印象。对于自己感兴趣的工具，你得进行深入研究。

移动平均线

一条移动平均线是指某个时期某个证券的平均价格。计算移动平均线时，得先确定时间范围（比如，200天或50分钟）。你可以通过走势图制图软件，根据自己的设置，自动获得移动平均线。举个例子，如果你用一张日线图跟踪50天的移动平均线，你要做如下分析：

如果该证券的价格高于移动平均线，则意味着投资者当前的期望高于过去50天来的平均值，而且投资者对这个证券越来越看好。相反，如果今天的价格低于移动平均线，则意味着当前的期望低于过去50天来的平均值。

移动平均线为支撑位和压力位设置了一定的期望值。移动平均线的突破点意味着将会出现价格变化。

移动平均通道（交易轨道线）

通道指标规定了某个证券正常交易范围的上下边幅。价格到达通道上端的边幅时，卖出信号出现了；而价格到达通道下端的边幅时，买入信号出现了。最佳边幅的移动幅度取决于该证券的变化率——变化率越高，通道边幅的移动幅度就越大。

移动平均通道指标背后的逻辑就是过于热情的买家和卖家推动价格达到极端（上端通道或者是下端通道），这时，价格通过移动到一个相对现实的水平上而通常变得比较稳定。

布林线

这是对布林线的基本解释：价格保持在上限和下限的区间内波动。布林线有个显著特点，上下限之间的带状区随着价格波动幅度的大小而变化。价格急剧变动（涨跌幅度加大）时，带状区变宽，涨跌幅度狭小盘整时，带状区则变窄。

布林线的特点：

- 当波带变窄时，激烈的价格波动有可能随即产生。
- 价格在带状区以外移动时，暗示着将持续当前的趋势。
- 如果带状区以外的下限和上限后面接着是带状区以内的下限和上限，那么将可能出现趋势反转。
- 从一个带状区开始的波动会一直移到另一个带状区。这在设定价格目标的时候管用。

权衡交易量（OBV）

权衡交易量是把成交量和价格变化联系起来的动能指标，显示市场货币在某证券中是流入还是流出。当期收盘价比前期收盘价高，则其成交量加到总量上；当期收盘价比前期收盘价低，则其成交量从总量中减去。

基本的假设就是，OBV 变化发生在价格变化之前。OBV 上升的时候，可以看见主力不断买入股票，而当大众也买入该股票的时候，股票价格和 OBV 都会快速上涨，与看盘的情况类似。

平均动向指标（ADX）

ADX 旨在评价当前趋势的力量。ADX 低于 20 表示趋势较弱，而 ADX 大于 40 则表示趋势较强。不能以 ADX 为标准将趋势评为牛市或熊市。我们可以用 ADX 来辨别市场出现有趋势到无趋势的变化的可能。当 ADX 指标数值从 20 以下上升，并且/或者上升到 20 以上时，表示盘整区间即将结束，趋势将开始发展。当 ADX 指标数值从 40 以上下跌，并且/或者跌到 40 以下时，表示当前趋势即将结束，小幅盘整开始发展。

MACD

MACD（指数平滑/异同移动平均线）是紧随动能指标的趋势，代表两条价格平均线之间的关系。MACD 在价格波动幅度大的交易市场最为有效。通常有三种方法使用 MACD：交叉，超买或超卖条件的背离。

交叉

基本的 MACD 交易法则就是在 MACD 跌到其信号线以下时卖出。同样，买入信号发生在 MACD 上升到高于其信号线的时候。MACD 在零上下的时候也通常是买入/卖出的好时机。

超买/超卖条件

我们也可以把 MACD 看成超买/超卖的指标。短期的移动平均线与长期的移动平均线拉开的差距大时（如 MACD 上升），股票的价格很可能过高或过低了，而且很快会停在更实际的位置。MACD 超买和超卖的条件因股票不同而不同。

背离

如果 MACD 与股票背离，不久当前趋势可能就要结束了。如果 MACD 创下新低，而价格没有跌到更低的水平，则看跌背离就发生了。如果 MACD 创下新高，而价格没有涨到更高的水平，则看涨背离就产生了。这些背离在超买/超卖状态出现的时候最为重要。

斐波那契数列（Fibonacci Numbers）

斐波那契数列是一连串数字，其中每个数字都是前面两个数字之和。

1、1、2、3、5、8、13、21、34、55、89、144、233 等。

目前有四项斐波那契研究，包括：弧线、扇形线、折返线和时区。这些线与预测趋势的变化有关，因为趋势线附近的价格是斐波那契研究形成的。最受关注的是折返线。首先在两个极点之间画一条趋势线，比如说一个谷底和相对应的峰位。接着再画九条水平线，分别与趋势线在 0.0%，23.6%，38.2%，50%，61.8%，100%，161.8%，261.8% 和 423.6% 的位置交叉。价格急剧上升或下降之后，通常就算没有全部折返，也会折返原先价格运动的很大一部分。价格折返后，支撑位和压力位通常在斐波那契折返线的点位或其附近发生。

随机震荡指标

随机震荡技术指标比较一定时段里，价格的范围同证券价格收市值的相关情况。该震荡指标以双线来显示。主线被称为%K 线，第二根线被称为%D 线，它的数值是主线%K 的移动平均线。%K 通常显示为一条固定的曲线，而%D 线则显示为点状曲线。

我们有很多方法来解释这个震荡指标，其中有三种方法比较普遍：

- 当震荡指标（%K 或是%D）下降到低于某一个具体水平

的时候（比如20），然后又上升到高于那个水平的时候，我们可以进行买入。当指标上升到高于某一个具体水平时（比如80），然后又回落到低于那个水平时，我们就可以卖出了。

- 我们可以在%K曲线高于%D曲线的情况下进行买入，或者在%K曲线低于%D曲线的情况下卖出。
- 寻找分离点。比如：当价格不断创出新高，随机震荡指数未能突破它之前的新高的时候。

相对强弱指数指标（RSI）

相对强弱指数技术指标（RSI）追寻震荡指标的价格，该震荡指标的取值范围在0-100之间。分析RSI指标最为普遍的方法是：我们要寻找这样一个分离的情况，在那点上，证券的价格是创新高的，但RSI指标并未能超过它以前的那个高度。这样的分离暗示着一个迫近的相反趋势。当RSI指标那时开始反转，并且下降到它最近的那个低谷，人们称之为"失败摇摆"，"失败摇摆"被看作是即将到来的一个相反趋势的确认。

走势图形态

这些形态通常自我重复，而且我们可以根据其相似性加以研究。下面是几种最普遍的形态。

头肩式

头肩式（如图5-10）是种常见形态，因为这就是趋势反转的典型情况。头肩式有三个峰（或谷），形似头和双肩，因此而得名。

以头肩顶为例，价格不断一步步地形成新高和不低于先前低点的低点。该趋势在价格爬升结束时被打破。"左肩"和"头"

是两个最高的高点。买家努力把价格推到更高的位置，但无法做到，此时形成右肩。这标志着上升趋势的结束。突破"颈线"被看作是即将到来的下降趋势的确认。

图 5-10

头肩顶和头肩底

以头肩顶为例，上升趋势中，成交量随每次上攻而放大。当上攻的成交量小于上一次上攻的成交量时，说明上升趋势减弱了。典型的头肩顶形态中，头部的成交量降低，而且右肩的成交量更低。回顾一下之前讨论过的看盘原则，就能发现相似之处了。

股价跌破颈线后，价格回到颈线位置，试着继续上攻（如上图所示）。通常，如果价格仍无法上穿颈线，则快速下跌，成交量也随之放大。

头肩底形态通常发生在市场到达谷底的时候。和头肩顶类似，该形态形成的时候，成交量通常下降，在价格上穿颈线的时候，成交量放大。

杯柄形态/圆弧形态（Cup and Handle）

正如名称一样，杯柄形态由两部分组成：杯体和柄（如图

5-11）。杯体在上涨后形成，形状像只碗或圆弧底。杯体完全形成后，右边出现盘整行情，形成杯柄。此后杯柄的盘整区间被突破时，股价将延续此前的上涨趋势。

图 5-11　杯柄形态

三角形（Triangles）

峰位和谷底之间的波动幅度逐渐缩小时，形成三角形。价格遭遇压力位或支撑位时，特别容易出现三角形。

每次变动的最高价低于前次的水准，而最低价高于前次的水准时，形成"对称三角形"（如图 5-12）。

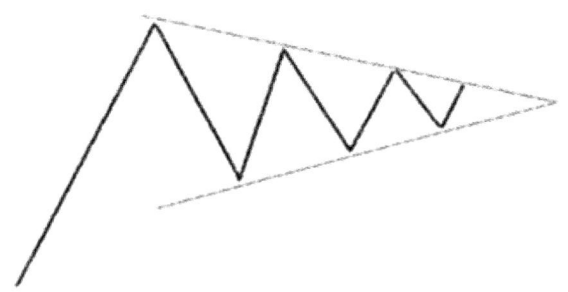

图 5-12　对称三角形

如果三角形的压力线呈水平方向，支撑线却不断向上（同对称三角形），则形成"上升三角形"。这种情况下，股价上涨突破的可能性更大（如图5-13）。

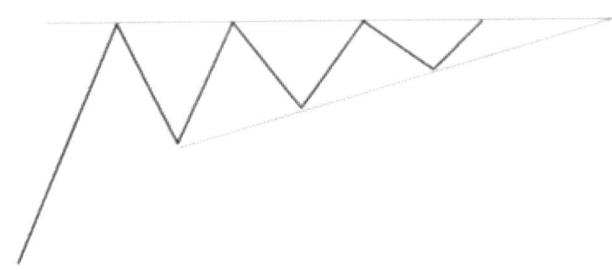

图 5-13　上升三角形

如果三角形的压力线倾斜向下（同对称三角形），支撑线呈水平方向，则形成"下降三角形"。这种情况下，股价下跌突破的可能性更大（如图5-14）

图 5-14　下降三角形

成交量放大即确认了突破。股价最有可能在三角形的1/2到3/4之间突破。对称三角形突破后的走势不太明显。如果股价一直延续到三角形的尖上，那么不太容易出现突破。三角形有很多变化形式，比如旗形、三角旗形和楔形。

双重顶和双重底

发生双重顶时，价格上升到压力位，成交量巨大，回撤，然后回到压力位，成交量缩小（如图5-15）。随后，价格下跌，标志着新一轮下降趋势的开始。

图5-15　双重顶

双重底

双重底的特征和双重顶几乎相同，只是价格移动方向相反（如图5-16）。

图5-16　双重底

K 线图/日本蜡烛图

蜡烛图技术源于 17 世纪,是一种表示供需变化形态的图形。最常见的形态有:

上升图形

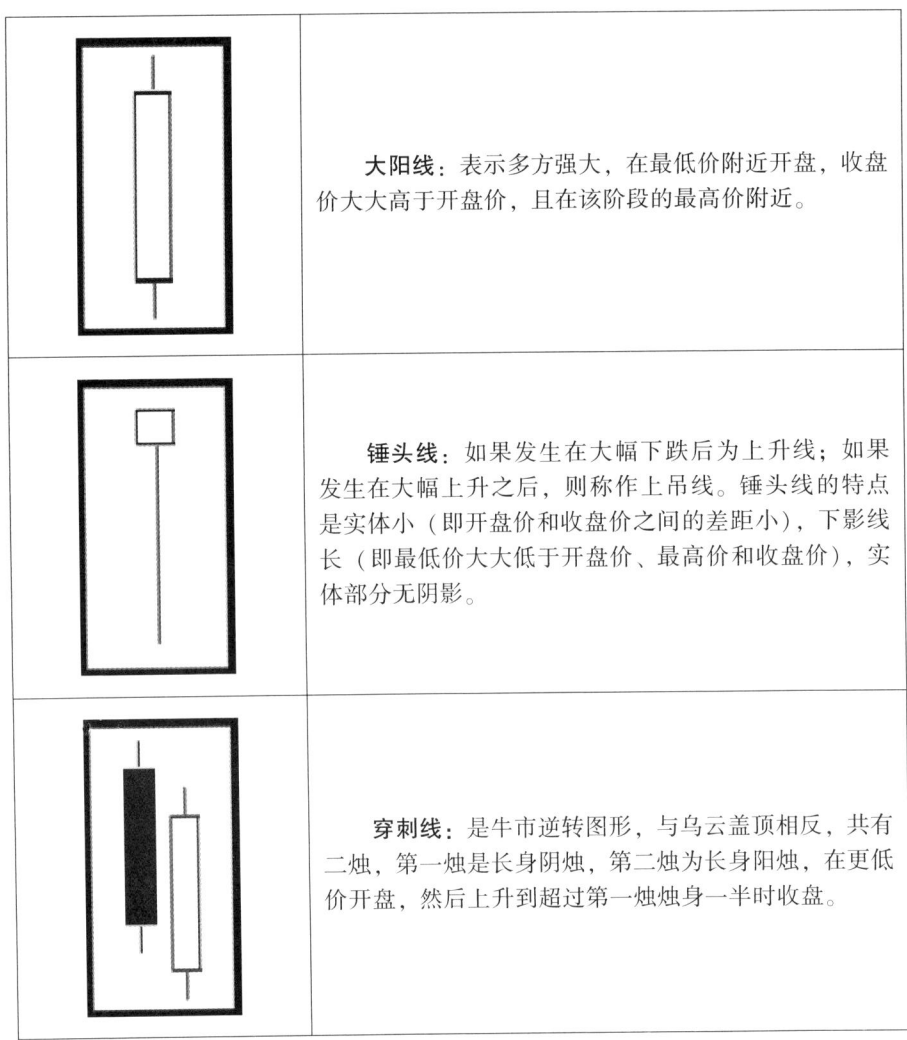

	大阳线:表示多方强大,在最低价附近开盘,收盘价大大高于开盘价,且在该阶段的最高价附近。
	锤头线:如果发生在大幅下跌后为上升线;如果发生在大幅上升之后,则称作上吊线。锤头线的特点是实体小(即开盘价和收盘价之间的差距小),下影线长(即最低价大大低于开盘价、最高价和收盘价),实体部分无阴影。
	穿刺线:是牛市逆转图形,与乌云盖顶相反,共有二烛,第一烛是长身阴烛,第二烛为长身阳烛,在更低价开盘,然后上升到超过第一烛烛身一半时收盘。

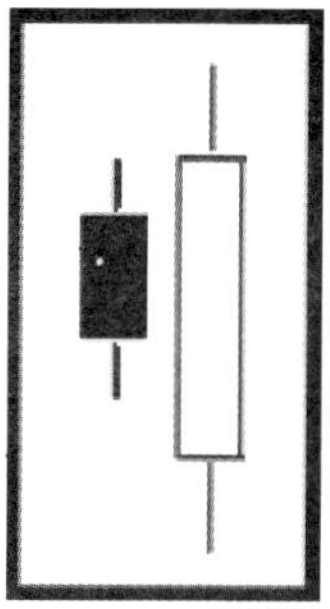	**牛市吞噬图形**：如果在股市大幅下跌后发生为强大的牛市逆转图形（即可看作反转图形），后烛烛身的长度可以把前烛完全包含在内。
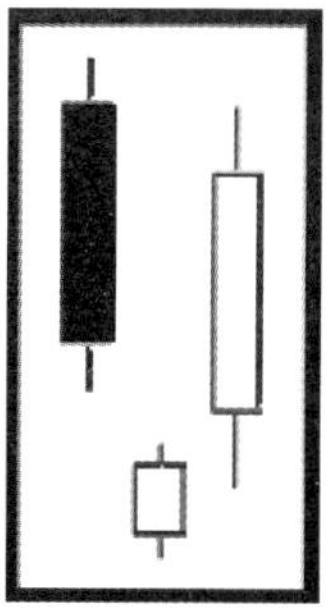	**晨星**：代表可能触底的牛市逆转图形。"星"可为阴烛或阳烛，指可能出现反转，阳烛对此予以确认。
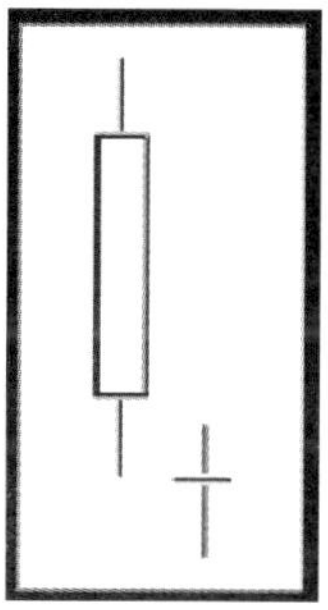	**十字星**："星"指反转，十字星指方向不明确。因此，该图形通常是趋势不明确期间的反转。投资者在交易十字星之前应该等待趋势的确认（比如晨星或上述的其他图形）。第一烛为阳烛。

下跌图形

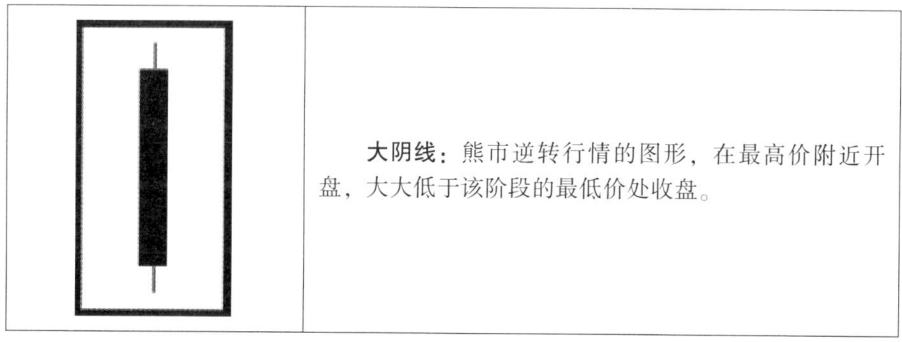

	大阴线：熊市逆转行情的图形，在最高价附近开盘，大大低于该阶段的最低价处收盘。

	**上吊线**：如果发生在大幅上升后，为下跌趋势。如果发生在大幅下跌后，则称作锤头线。特点都是实体小（开盘价和收盘价差距小），下影线长（最低价大大低于开盘价、最高价和收盘价）。实体为阴烛或阳烛。
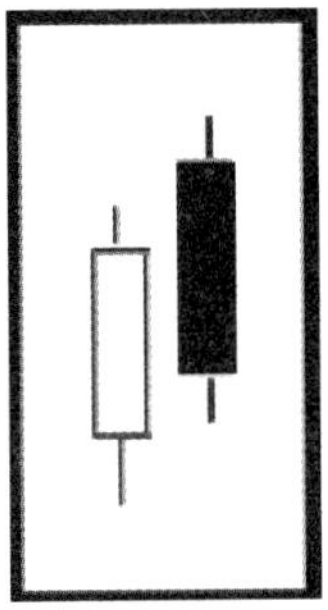	**乌云盖顶**：熊市逆转图形，如第二烛的收盘价在第一烛烛身的一半以下（如左图），则跌势更大。
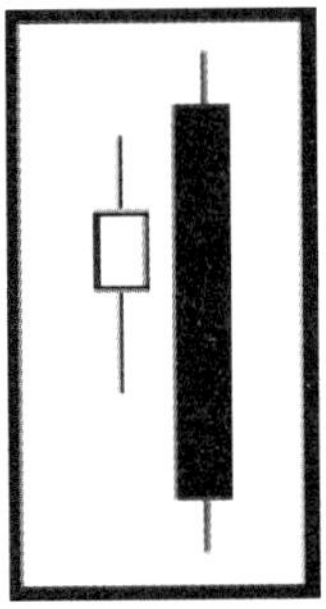	**熊市吞噬图形**：跌势强劲，发生在大幅上升后（反转信号）。后烛烛身的长度可以把前烛完全包含在内。前烛是阳烛，后烛是阴烛。
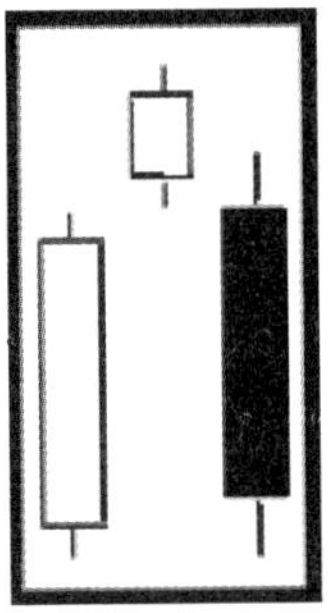	**晚星**：熊市逆转图形，表示价格可能到达顶峰。"星"可为阴烛或阳烛，指可能出现反转，阴烛对此予以确认。

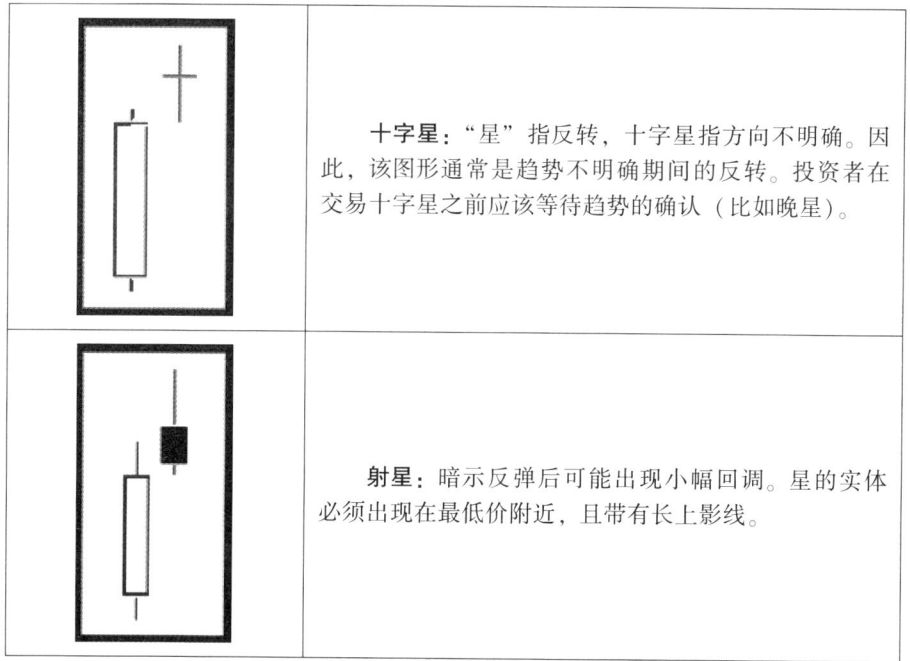

十字星："星"指反转，十字星指方向不明确。因此，该图形通常是趋势不明确期间的反转。投资者在交易十字星之前应该等待趋势的确认（比如晚星）。

射星：暗示反弹后可能出现小幅回调。星的实体必须出现在最低价附近，且带有长上影线。

反转图形

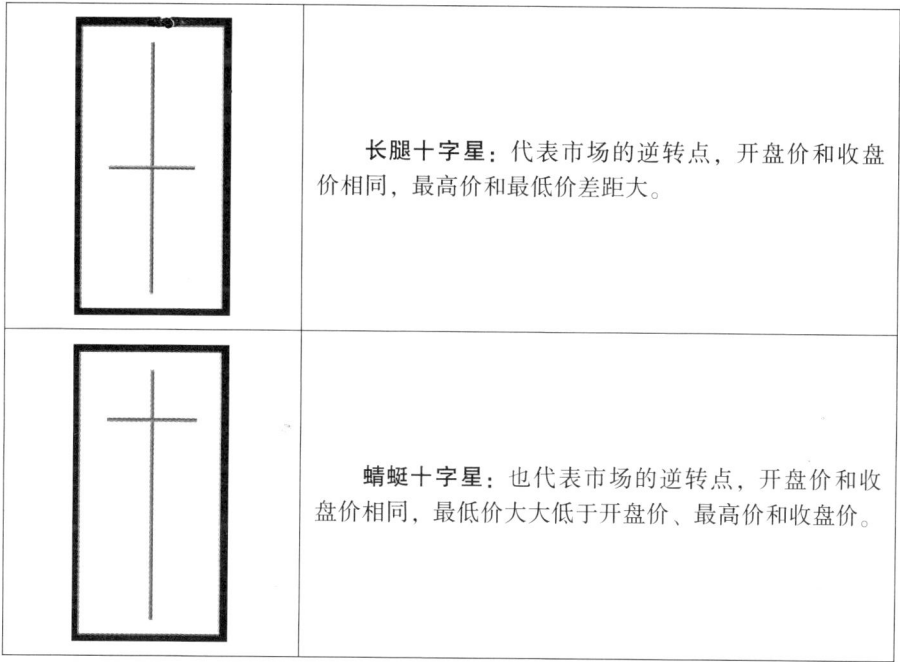

长腿十字星：代表市场的逆转点，开盘价和收盘价相同，最高价和最低价差距大。

蜻蜓十字星：也代表市场的逆转点，开盘价和收盘价相同，最低价大大低于开盘价、最高价和收盘价。

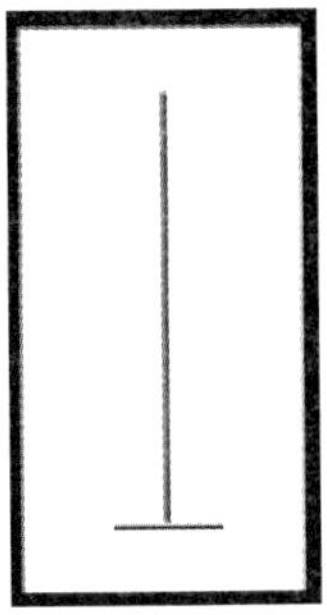	**墓碑十字星**：也代表市场的逆转点，开盘价、收盘价和最低价相同，最高价大大高于开盘价、收盘价和最低价。
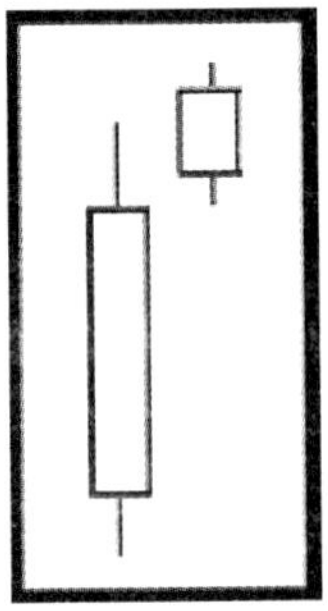	**星**：代表反转，为实体小的阳烛，在实体更大的阳烛之后，两烛实体并不重叠，但如为阴烛则可能重叠。
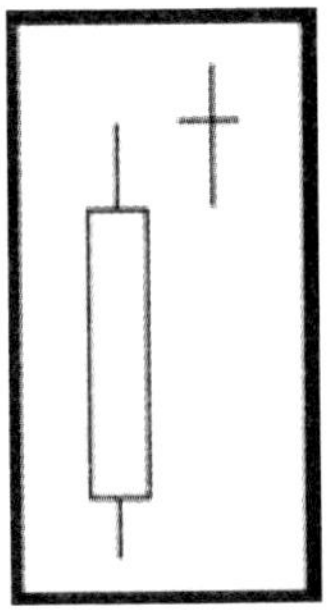	**十字星**：星表示反转，十字星表示方向不明确。因此，该图形通常是趋势不明确期间的反转。投资者在交易十字星之前应该等待趋势的确认（比如晚星）。

无趋势图形

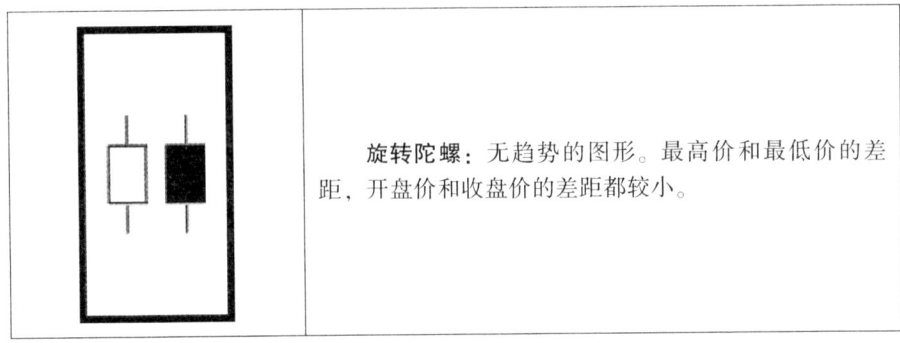

	旋转陀螺：无趋势的图形。最高价和最低价的差距，开盘价和收盘价的差距都较小。

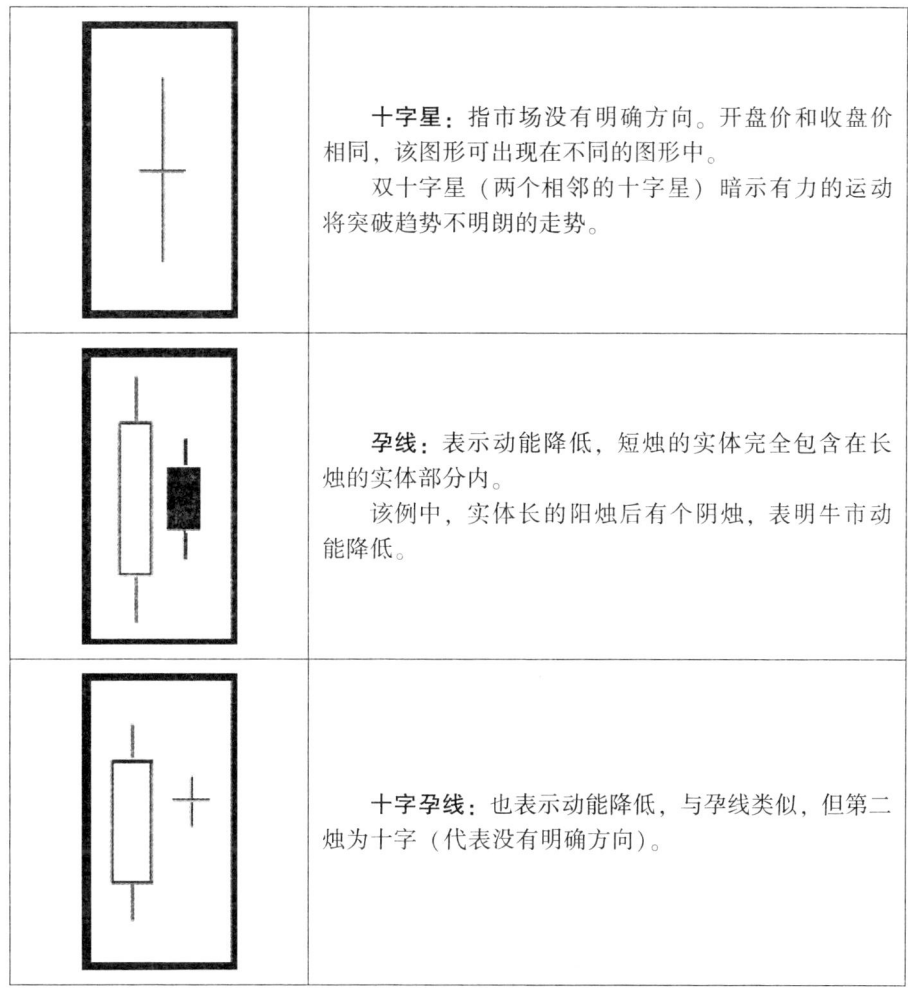

我们只是粗略讨论了技术分析的皮毛。技术分析有上百个指标，而且新的指标也在不断涌现。对于入门者来说可能太多了。不要对走势图研究太多，也不要用太多的指标，免得形成过于复杂的交易方法。在某些情况下，这些指标可能产生不一致，让你觉得头晕，而把价格运动的一般原则忽略了。交易员要时时记着这些主要原则，作为运用各种指标的前提；认识违背基本原则情况下运用技术指标得出的所有结果。这个时候，走势图上就算有10个指标对你也没什么帮助。

> 💡 不管一个指标有多复杂，交易员不能把它当成价格运动的"预言家"。指标仅仅是看待价格和成交量运动的某种方式，是种工具。要想工具发挥好的作用，交易员运用工具的技术得足够好。工具发出的信息仅仅是其设计目的中的信息，并不会自动"发挥作用"，而如何将这类信息运用到自己的交易体系中是由你决定的。

> 💡 有些指标是用来衡量相同条件的。你可以厚于此而薄于彼，但不能同时使用。例如，RSI 和相对强弱指数指标都是用来衡量超买、超卖条件和动能的。试试使用那些可以互补的指标。

形态和指标的分类

在《交易理念》部分，你为自己的交易计划回答了这样一个问题：你想在什么样的价格运动中进行交易？在建立自己的交易体系之前，你得根据这个选择确定自己将选择哪种指标或价格形态。我们将在后面详细讨论。现在，我们要弄明白，指标和形态的作用是不同的，对于不同的交易员，其作用也不尽相同。有些是判断趋势持续发展的工具，有些是判断趋势反转的。现在我们列出来，进行分类。

趋势持续

表示趋势持续发展的走势图形态有：

- 杯柄形/圆弧形
- 旗形、三角旗形
- 对称三角形
- 上升三角形
- 下降三角形
- 价格通道

趋势反转

- 双重顶
- 双重底
- 头肩形
- 楔形

前面我们根据这个标准对蜡烛图也进行了分类。

交易计划中还有一个问题关系到进取程度。这是技术分析的另一方面：领先指标 vs. 滞后指标。领先指标是用来预测价格走势的，其主要用处是提前发出进场和退场信号。提前的信号可能带来更高的回报，也带来更高的风险——这正是我们之前讨论过的。滞后指标晚于价格的实际运动。其主要用处是捕捉运动的能力并继续在该运动中交易。不过，在盘整区间市场，滞后指标总是太晚，也就没有多少用处。

领先指标有 RSI、相对强弱指数指标等。滞后指标有移动平均线、MACD 等。

问答整理

问：

你认为走势图形态或技术指标都是自发发挥作用的吗？或者说走势图形态或技术指标是自我验证的预言，发挥作用仅仅因为人们都对它们做出反应？

答：

两种都正确！人们不是发明，而是通过观察和归纳，发现了走势图形态和技术指标。从这个意义上说，它们本来就存在，反映了市场参与者的心理。毕竟，走势图就是人类行为的镜子，是根据实际交易形成的，是人们行动的结果。反过来，走势图也是由人们的看法和反应引起的。这些看法用图形表示就形成了走势图。如果你认为人的行为存在某些定式的话，就得承认走势图也存在某些形态。

另一方面，某种形态已经广为人知，很多市场参与者开始对其进行研究、运用的时候，确实会对我们的行为产生影响。如果不知道某种形态，市场是否还会有相同的反应呢？这个问题没有确切的答案——很可能有，可能数量不同，可能价格差距更大。现在我们来看下一个问题……

问：有没有人过度使用了某种形态，导致该形态停止发挥作用？我曾经听说过这类事情，看上去和为形态添砖加瓦的想法有点背道而驰了。

答：听起来自相矛盾，对吗？实际上并没有矛盾。只不过是形态生命周期的不同时期罢了。有些时候，有些人开始使用某种形态，但却不起作用（确切地说，这并不是正确的说法，但我们马上会回到这个问题上）。原因只有一个：市场的逻辑就是让少数人从多数人那里赚钱。如果每个人都使用某种形态，而且这个形态一直起作用，那么不是每个人都在赚钱吗？这时候，形态就得停止工作了，以便让事情回到正轨，继续往阻力最小的方向前进。而最小阻力之路和多数人是背道而驰的。

现在，我们回到"停止发挥作用"的问题上来。这么说并不完全正确，因为形态还是照样在起作用——只是方式不同而已。形态可以翻转，或者增加些新元素，来替换已经没什么作用的元素——我们是可以察觉，可以发现这些变化的。这就是我们要在市场中不断学习的原因，我们得时时警惕变化，发现陷阱，防止掉进去。不要把形态的自然规律看成是人为操纵，这是市场的正常运动，并没有什么不妥。如果某种形态或指标不管为多少人所知，所使用，仍然发挥作用，那么在某个时候，每个人都可以使用，每个人都可以赢（别问我从哪儿赢），不给市场留下任何钱。这样一来，市场关闭，货币和商品不再交易，经济崩溃，地球停止运转……现在，你知道为什么市场里没有圣杯了，知道为什么黑盒子系统不起作用了，知道为什么听到另一个"一定会赢的系统"的广告得走远点了。

针对这个问题，还得说最后一点。我们得区分真正的形态和阴谋。我们说过，真正的形态是建立在市场玩家的行为之上的。伎俩利用的是市场上某些低效率操作，一旦市场机制改善（或者变糟，从在无效情况下赚到钱的角度看）了，就会消失。我来举个无效性的例子。1999年，两种市场参与者（一方对另一方的发盘叫价更高）之间很容易套利，因为订单的处理系统烦琐、过于复杂，而且变化很快。不过，事情变得很快，这种赚钱机会很快没有了。这就是个伎俩，而不是策略，永远无法自我恢复。这种伎俩也很少能够再度发挥作用。

问：

有没有什么可以帮助区分回调和反转？

答：

这个问题比较棘手。没有什么打包票的办法，否则就太简单了。我们要把这个问题一分为二来看。你是想在回调上找进场点（看好趋势的持续发展而中途积极进场），还是想找到退场点，让自己远离是非之地，控制风险。这里，我没有把短期进场单独拿出来讨论，免得把问题弄得太复杂。

和交易中的所有事情一样，这是让你可能获利的一个途径。首先，关注成交量。一般而言，如果成交量在回调的时候缩小，而在价格上升时放大，那么你可能会看到趋势持续发展。其次，注意交易体系里的信号。如果你交易的时候运用走势图形态，发现价格突破了支撑位，那么说明那不仅仅是回调。我们要用自己的系统来确认自己将要追随的趋势。只要看盘分析正确，我们就有赢的可能，而在没什么胜算的情况下，我们得用止损来控制风险。

我们回过头去看看之前列举的两种情况。如果你是要找回调的进场点，就得注意符合趋势继续发展的成交量的情况，而且指标和走势图信息也发出了进场信号。既然你的进场点接近支撑线，那么止损点应该设置在相近的地方，足以在盘势研判错误时做出相应的反应。如果你在找退场的机会，那么这实质上就是追踪止损，向最近的支撑线移动。如果价格突破了支撑线，就要止损了，以保护自己的利润。

你可以看出来，这是我们前面讨论过的"宿命论"方法：做正确的事，剩下的就让市场决定吧！

技术分析的资源

http://www.hardrightedge.com/control.htm——技术分析的资源集合，从技术分析的术语到相关概念的解释。

http：//www.equis.com/Education/TAAZ/——Stephen B. Achelis. 写的参考书，可在线阅读。

http：//stockcharts.com/education/ChartAnalysis/index.html

http：//stockcharts.com/education/IndicatorAnalysis/index.html ——对技术分析的解释。

交易计划

交易计划表：技术分析交易员的交易系统

我运用以下这套走势图形态、K线图组合、技术分析研究和指标：
_____
_____

我对各因素的设定如下：
_____
_____
_____

设计交易策略

你已经具备了相关工具的知识，也做出了选择，现在，你得设计自己的交易体系了。我们要把以前讨论过的所有知识运用到实践中，创造一个新的结构。如果本书的开篇说这些还会让你感到任务艰巨的话，那么现在，你把自己的交易计划细想一遍是件再自然不过的事情了，因为只是把所有的知识综合在一起。

我们先来说说基本原则。你设计的体系并不一定非得"坚如磐石",永不动摇。和交易的很多方面一样,交易体系也会演化,会变化。你可以从无到有把它建立起来,也可以如我们前面所说的,运用自己中意的、已经成型的交易体系。不过任何情况下,你的交易体系必须适合你自己。也就是说,即使运用其他人已经建立好的交易体系,你也很可能发现,如果做出某些改变,自己会更舒服。这个过程可能得花上一段时间,但是不要因此而放慢脚步。事实上,即使你在股市摸爬滚打数年,经验丰富,也需要对交易体系进行一些调整。调整永远没有结束的时候,带来的是你的成长。正是你的成长和世界的变化让调整永不停息。

在这里,我还得说一点:学习是交易方法中最重要的部分。好好花些时间设计自己的体系,但不要想着去学各种分析方法的所有知识。没有哪个交易员会把所有的分析方法都用上,也没有人对所有这些都了如指掌。找出你自己欣赏的分析方法去学习。毕竟,你已经明白,成就交易员的并不是什么交易体系,而是交易员自己。世界上压根儿就没有哪个客观的体系在任何时候对每个人都同样适用。你要是把一个相同的交易体系给十个交易员,准会得到十个不同的结果。你的竞争力只有一部分和交易体系有关,主要还是取决于你自己的原则和个性化的体系调整。最好的交易体系就是**你自己**。

交易体系的要素

首先,将策略和交易计划结合起来。也就是说,你要选好和自己的交易方法、时间结构和交易方式吻合的要素。如果你决定做帽客的话,就不需要研究基本面;如果决定按照基本面分析来交易的话,就不需要当日冲销的动能指标。我们把范围缩小一些,看看几个典型的交易方法。

例 1

假设你选择做追随趋势一周以内的波段交易员，用某些指标和走势图形态来判读盘势。那么，你只会选择财务最健康的公司（大多是知名公司）进行交易，而且，很可能会忽略基本面研究。你很熟悉看盘原则，将其作为研判任何价格和交易量的基础，并选择那些可以预计趋势持续发展的走势图形态。如果你对日本的分析方法感兴趣，可以学习K线图；如果你更喜欢传统的走势图形态，可以学习杯柄形态、三角形等。你要熟悉反转形态，以便识别退场时机。你会加上一两个领先指标，这种组合可以让你识别退场信号。也许你会持3到5个仓，也许某个时期持有的仓数更多。

例 2

假设你是根据走势图研判市场的保守型当日冲销交易员，要在交易趋势反转的时候交易，而且对基本面分析不太感兴趣。在走势图和K线图之中，你会选择那些指向趋势反转的形态，对那些处理超买/超卖的指标感兴趣。运用反转形态的时候，比如双重底，你可能会把自己的退场信号设在峰顶和两个谷底之间的压力位上。这样的选择是你的保守交易倾向所致。如果你想做个积极的交易员，你会将退场点设在第二步谷底的位置。看盘原则会帮你选择和交易量情况吻合的要素。你很可能每次交易将资金分到3个仓中。

例 3

假设你决定做一名长线交易员，持续数月或数年地管理自己的仓位。你会对可能带来巨大回报的高成长型公司感兴趣。显然，你会把主要精力投入到基本面分析中。有些公司的新产品有意思，管理方式新颖，但价值却被低估。你会寻找这样的公司，不断买入它们的股票。你运用看盘原则研判股票的走势图，找出主力对这类股票开始吸货的时间。或许你可能想找出一两个有深刻意义的指标，但指标对你并没有深刻的意义。你的交易体系就是在自己的目标行业建些小仓。

例 4

如果你是个有严格风险控制能力的激进帽客，针对突破走势进行交易。那么，基本面分析在你的交易体系中没有任何分量。你要学习看盘，找出真正的突破。你可能对趋势持续发展的形态和指标感兴趣，一次交易一个仓。

现在，研究你自己选择的架构，找出其主要参数，接下来，你会对**第二步**到**第五步**产生更为深刻的理解。

第二步是确定自己的进场信号。这是将你选择的看盘方法运用到实践的时候，产生第一笔交易。我们假设你选择了针对突破进行交易，用走势图形态研判市场，将移动平均线作为指标，用正规方式进场。你的突破形态是三角形、圆弧形和最高价附近的盘整，交易的股票价格在 10 至 50 美元之间。这些形态的突破价格就是你的进场信号。注意把进场和进取程度结合起来。

第三，确定确切的风险参数。比如，你每天的平均成交量不低于 500 万股；将价格区间拉大 5 美分；浮动不低于 5000 万股。损失控制在每笔交易 250 美元之内，追随的股票价格不得比自己理想的进场点高 5 美分以上。这样你的选择范围就缩小了，进一步找出自己的进场点：高于突破位 5 美分。

第四，确定止损点和仓位大小。止损点由你选择的形态决定。你设计的所有架构都包含止损点。这个例子中，突破体系中包含的移动支撑平均线就可以作为止损信号。如果你在杯柄形态的突破进行交易，把杯柄的谷底作为止损点。看看走势图上止损的幅度，你定义仓位大小的时候，考虑了允许范围内最大的亏损。重复一遍，把你的止损和进取程度结合起来。这意味着，如果你决定积极进场，那么要设置非常紧凑的止损点，因为进场点就在支撑位附近。如果你把止损设得太松了，结果会很糟糕：最高价处缺乏信心和太松的止损，显然不是好策略。重新读一读不同进取程度的定义及其回报，确保你的策略与回报相符，不会带来最糟糕的负面影响。

第五，找出退场信号。交易体系中有关于获利的决定。我们假设股价运行到风险回报率为1∶1的时候你可以得到一半的利润（参考下方的有益提示）。这时候，你把止损点移到退场点的位置。移动到2∶1的位置对你来说意味着另一个退场点，而且那时候你卖出的是一半的股票。之后，你会为剩下的股票追踪止损，直到价格与止损点重合。需要铭记于心的是，并不是利润达到了某个点才决定退场，风险/回报率仅仅是个参考而已。也就是说，市场可以在你没有达到利润目标的时候发出退场信号。所以，退场点是灵活的，需要随着市场的变化重新估算。不幸的是，决定退场点的并不是你的利润目标，而是市场行为。这就是交易理念中所说的"跟随市场的脚步"。

> 风险/回报比率仅仅是止损水平和利润大小的比率。如果你的初始止损是25美分，那么在利润达到25美分的时候，该比率为1∶1；利润达到50美分的时候，该比率为1∶2。

第六，设定一天的"风险承受点"。如果一天连续三次突破你的风险承受点，说明这天的市场并不适合你的交易体系。而且你的心智可能不在最佳状态，需要重新梳理。

第七，设定一天的"放松点"。这是你的利润水平。达到放松点后，你就不再主动寻找交易机会了，因为你已经达到了自己的利润目标。不过，这并不意味着你必须停止交易，你可能会幻想机会还会停在那儿，这个时候，你要变得调低了，因为你要保护自己的利润。所以，你应该降低自己寻找交易的进取程度，只选择那些屏幕上一目了然的好机会。

现在，你已经建立了自己交易体系的基础。下一步是时候检验这个体系，分析历史走势图，看看各种形态和指标定义的交易信号是怎么发挥作用的了。你需要确定自己交易体系产生的最大不利影响，看看自己是否能够承受。在《交易实践》部分，我们再来详细讨论检验过程。

为了说明检验阶段的理念和目的，我在这里展示一位朋友的交易计划初稿。他开始把交易作为自己可能走上的一种职业道路，或者一种业余职业。这个初稿很有意思，观察敏锐，交易方式高度系统化。

作为一个喜欢算术的人，我试着为交易建立可能的等式。

（可能获得的利润×平均利润）－（可能的损失×平均损失）＝最终结果

范例：60%×200 － 40%×100＝80

如果我不断成功地执行自己的交易体系，长期的平均值会接近我期望的结果。

任何交易中，我和市场共同控制着交易中的变量，我要做些努力达到等式范例中的目标价值。我对这些变量的控制力很有限，只能对它们产生作用。所以，我要使用自己的控制机制，并严格遵守。

我可以通过下列方法达到长期60%的利润目标：

进场前

耐心等待可能获得丰厚回报的走势图形态（或任何方法）。

避免进入利润低的交易。

进场后

不要怀疑自己的体系，免得遭到自己的破坏。

执行自己选定的交易体系，除非被证明无效。

遭受一系列失败的交易后。

休息一天

把交易量缩小或进行模拟交易，直到自己开始重新获利为止。

我可以用下面的方法达到2∶1的获利损失比：

入场前

在走势图上正确设置止损点。

调整我的交易大小，确保不会超过自己以前确定的"恐慌点/能承受的最大损失"。

在图上找出合适的回报目标，让自己获得预期损失两倍的利润。

进场后

不再把止损点调低。

适当的时候将止损点提高。

让仓位自由发挥作用（即与止损点或目标重合）。

如果目标利润能够提高的话，提高目标利润，但要设置紧凑的追踪止损。

注意：我的恐慌点是损失很大，以至于自己都不敢确定是否能够理性操作的时候。在这个恐慌点之下，损失比较小，我足以进行理性控制，而且心里清楚损失是交易的一部分。

我做所有这些的目的都是为了获得等式中的目标价值。

观察

市场有时候让我赢，有时候让我输。我无法控制，但在市场想给我更多的时候，我能够接住。有时候市场给的非常多。另一方面，市场想让我输的时候，不管想让我输多少，我都可以控制损失的大小，而且防止损失扩大。

两个最大的威胁来自我自己。我可能：

让市场为所欲为，给我带来巨大的损失。我不会让这种事发生。

转变自己的思维方式，取中庸之道，结果是小得小失，以致没有可能达到等式中的目标（即得到正数结果）。

交易员选定交易体系后，可能对基本模型进行许多调整，这是个好的开始。

我的理想交易日志

尽管现实中会有这样那样的变化，导致理想交易日志无法实现，但在每天和现实的较量中，头脑里有个目标还是很有用的。这是我想实现的。

这是我想象中的交易日志，是我的交易日志能够出现的等式。不管我交易的频率怎样，我希望最后10次交易可以做到这个程度。

交易序号	结果	金额
1	获利	200
2	获利	200
3	损失	-100
4	获利	200
5	获利	200
6	损失	-100
7	损失	-100
8	获利	200
9	获利	200
10	损失	-100
总计		800

观察

我预计有四次损失。这是可以接受的，是交易的一部分。

这是个标志，说明我可以测算自己的行为产生的结果，是我判断自己是否应该继续交易的依据。

现实世界要混乱得多，会出现让我无法达到这个理想目标的各种情况。我依然会记住这个日志，把它当作我的目标。

股市交易没有必要一定是大交易的组合。

> 💡 记住，你的交易体系必须能够处理各种市场情况。假设你打算针对突破进行交易，如果市场的趋势是下跌怎么办？你要切换成向下突破，还是维持现状？如果市场一直处于盘整区间怎么办？你要开始尝试错误的突破，还是等待趋势明朗的时机？这些都是你在建立自己的交易体系的时候需要回答的问题。你可能想把一些市场情况纳入到自己的体系中，或者只有发现市场符合你的条件时才进行交易。

如果你发现了满足自己要求的交易的比例和所赢交易的大小，就可以进入下一步了——为自己的交易体系和交易方法选择合适的工具。我们用思维导图和交易计划来结束这一部分的讲解，然后开始拿起交易工具。

第五章 创建交易体系

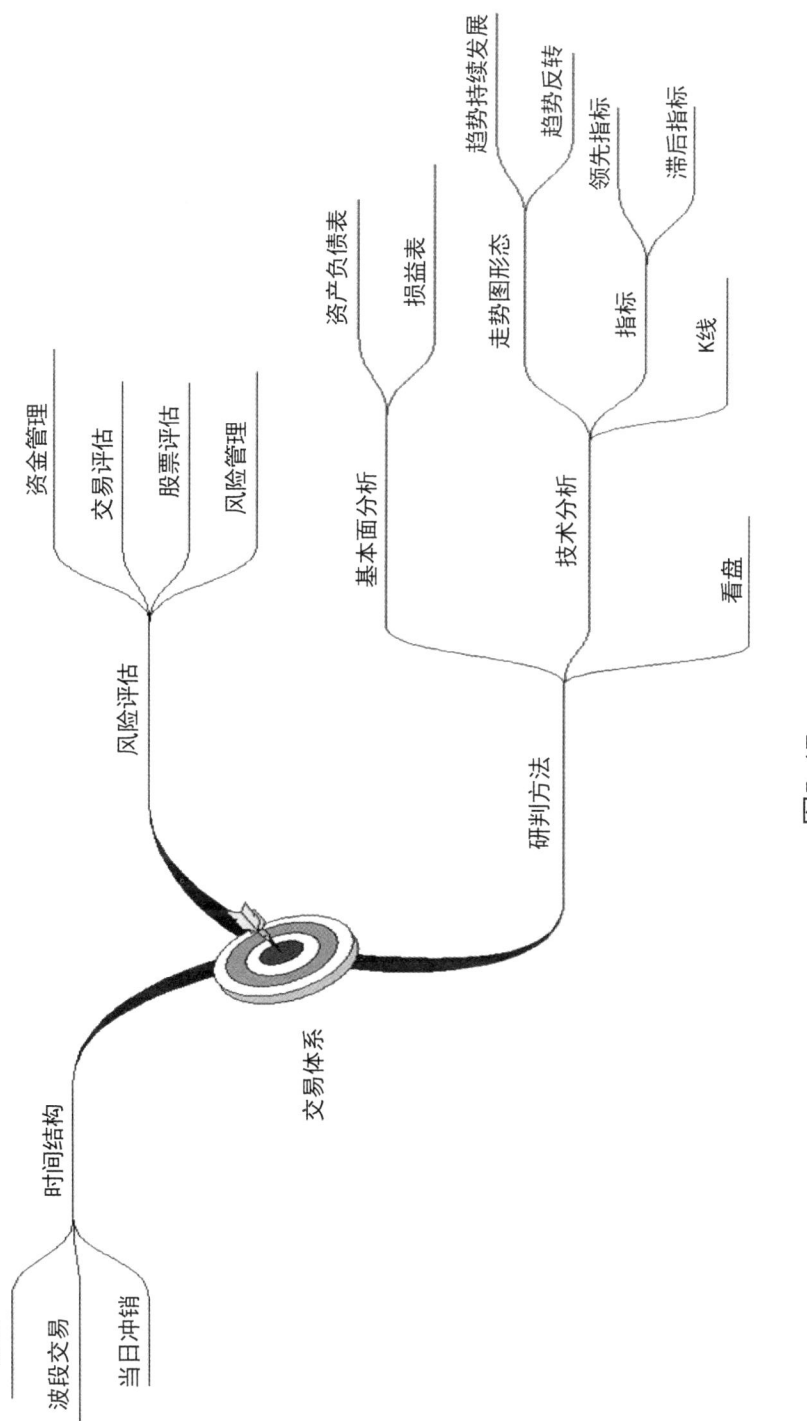

图5-17

交 易 计 划

交易计划表：交易体系设计

下面的条件满足的时候，我的进场信号就产生了：

_____

_____

_____

我的进场点与信号发出点的距离不大于_____

下面的条件满足时，我需要止损：

_____

_____

如果发生下列事件，我的退场信号就发出了：

_____

_____

我的每日（周、月）损失上限为：_____

获利情况下，如果_____，我会减少自己的交易活动。

听交易员说——达里尔·顾比

50岁，住在澳大利亚达尔文市，自1991年开始从事交易，以交易作为主要收入来源的波段和长线交易员（时间结构从当日冲销到30天甚至更长），著有《股票交易》、《利用走势图交易》、《交易技巧》、《更好的交易》、《熊市交易》、《趋势交易》等书，是《股票与商品技术分析》、《活跃交易者》、《悉尼证券交易》、《交易利器》、《澳大利亚股票》和《新加坡前沿与精明投资者》等杂志报刊的定期撰稿人，经常在澳大利亚、亚洲和美国就交易和技术分析进行演讲，曾发明顾比均线指标（该指标已为 Metastock、OmniTrader 和其他走势图软件所采用），www.guppytraders.com 的创始人。

刚开始交易的时候，我犯了所有的经典错误。那时，我把自己当作投资者，在几美分的价格买了第一只股票，并一直持有到现在，长达14年之久，主要是想做个提醒——为什么自己不是投资者？

我的第二只股票变化得厉害多了。刚开始涨了70%，让我觉得自己很聪明。后来价格下跌，还造成了一点小损失。我又觉得自己很傻。当价格反弹之后，我卖出了，获得了70%的回报率。价格下跌后，我又买进了，继而再卖出。我们可以利用市场的变化无常进行交易，这点很关键，让我开阔了眼界。

我很幸运，因为我是在澳大利亚内陆的一个偏远、信息闭塞的环境中开始交易的。当时我无法利用新闻或基本面信息来交易，因为报纸总是一周后才到，而且由于太偏远，我也接收不到电视信号。结果我无法选择，只能努力理解价格运动所暗示的信息。我把焦点放在走势图分析和对价格的技术分析上。我开始用简单的 Excel 图表，后来用交易获得的收益买了更为复杂的制图工具。

我相信有些问题对于所有交易员都是无法避免的，但问题的大小、损失的大小、错误的程度是不一样的。不过，每个人都注定要犯错的。这就是我写第一本书《股票交易》的原因，为了告诉大家一些错误，这样他们就能及早认识到，以便在错误造成更大损失之前采取纠正措施。

我花了不到一年的时间实现较为一致的交易结果。股市总是变化无常，在选股方面，我是幸运的，但这也要有识别易变性所带来机会的判断力。很多人只是观望，看着股市冲向峰顶，又跌下谷底，但不去运用将价格变化资本化的方法。我是从蓝筹股开始的，所以我能理解蓝筹股对投资账户造成的损害。我真正的交易是从那些投机股票（不是粉单市场或 OTC 股票，而是价格在 10 美分左右的上市公司股票）开始的。那真是一段令人难过的经历。和其他人一样，我当时被高额回报吸引了。今天看来，这种交易方法很差劲。如果我们使用期货的杠杆和其他衍生产品来达到相同的目的，其他人可能会肃然起敬。我更喜欢使用完全上市的低价股所带来的价格杠杆，因为需要管理衍生品市场没有的各方面风险。

幸亏我早早认识到风险管理是交易的第一要务，所以刚开始交易的时候，并没有遭受毁灭性的损失。然而，在每个交易中严格自律，减少损失仍然是我每天的挑战。每次我都在经受考验，而且每次都得通过。

真正的挑战在于资金管理。如果管理好了，就不用过于担心高回报高风险的问题了。你得有更好的趋势图分析能力和资金管理能力。很多人无法理解2%的风险是什么概念，而就在理解的人当中，也只有部分人理解这一财务止损单、根据走势图分析使用支撑位和仓位大小影响之间的关系。

理解这是交易矛盾的解决办法是迈向长期成功的重要一步。

我们需要理解一个关键概念，主力使用的交易方法和风险控制并不能为广大股民使用。小账户需要不同的风险管理方法。风险管理在超过100万美元的时候是可以测算的，而在小于或等于5万美元的时候无法测算。对于大多数人来说，这是他们开始交易的资金大小。大家都使用闲散资金，而不是储蓄资金开始交易。我们从少量股票开始尝试，但很少有人谈到对这种交易规模进行风险管理的有效途径。

我的时间结构取决于市场情况。对于有些市场，我采用3到5天的交易，甚至是当日冲销。在气氛紧张的市场，时间是个重要的风险因素。我大多数的交易都是平均30天的，即长线交易。我根据几个走势图形态寻找回报率高的交易，也使用长线的趋势交易，可能持续几周或几个月。分析潜在趋势的能力是这类交易的关键。

我们计划怎么做，与我们应对市场情况的实际操作是两码事。我可能计划做一名长线交易员，但并不意味着我的所有架构多数时候都是做长线的。

我为每个交易都草草定了个交易方案，包括设定进场点、止损点和适当时候的收益目标。根据交易的性质的不同，有些内容可能很具体。其他交易很简单，可能就是"顺应趋势"，在信号发出的时候退场。随着市场的变化，交易也会发生改变，所以我们需要不断重新评价自己用来管理交易的指标。

每周的通讯简报中我们都告诉读者这些过程是怎么运用在现实中的。当然，大多数人并不愿意学习这些知识，他们更愿意自己在股市上损失几千元，努力理解专业人士对待市场和他们有什么不同。

计划至关重要，但也不必花费太多精力。简单的交易对应简单的交易管理是最有效的。计划不必太复杂，太复杂就容易混淆，在形成自己的原则方面并不能帮助我们。说白了，我们不是进场就是退场。复杂的计划常常让交易员不按信号退场，不遵守交易规则。

我认为基本面是市场上永不落幕的喜剧。安然公司是基本面分析的最佳例子。其实，简单的走势图就能发现大量薪酬不菲的基本面分析者所能发现的东西。如果这些分析者看了走势图，就能发现安然一直在走下坡路。市场上的卖家比金融行业的卖家了解得更多。

开始的时候，我研究走势图，用些简单的方法理解价格和大众行为，但没有使用什么技术分析指标。我发现技术分析指标太简单了，不可相信。指标显示的时候，我们"看见"了正确的信号，但忽略了虚假信号。

我用经典的走势图形态来做许多交易决定。我自己提出的顾比均线指数帮助我更好地理解趋势的性质和特点，跟踪市场上交易员和投资者的相关行为。交易员和投资者是两个最有力的团体，我想知道他们之间有什么联系，从而帮助我选择最合适的交易策略。我用倒数线设定风险值和止损点，以此来管理趋势，确认趋势的持续发展。我还运用了现代的达瓦斯交易法来管理长期趋势。我对经典的达瓦斯方法做了很多修改和调整，使其可以更有效地应对变化越来越大的现代市场。所有这些在《趋势交易》这本书中都有论述。我只是做些普通股票的长期交易罢了，不做空头市场，不管理资金，不将利润用来交易。我使用趋势线和抛物线趋势来理解趋势的行为。我的目标是找到一到两个机会，这就是我想要的全部。我没有时间，也没有兴趣一年交易100只股票，这样的机会我留给专业人士，他们每天上班都需要交易。我要的是资金的合理回报和自己想要的生活方式，包括交易方面的写作和演讲，向其他人传授一些所需技巧。

我很少做当日冲销。我是为了自己想要的生活方式而交易的，一天到晚坐在屏幕前盯着并不是我想要的生活方式。我视市场情况而运用各种交易方法，最擅长的是使用一天收盘时的数据。信号是今天收盘后发出的，我得在明天开盘前对信号做出反应。我做新加坡、马来西亚和澳大利亚的股市。此外，我还为一些客户做中国大陆和中国香港的股市。

我把自己的交易理念概括如下：交易就是风险控制，是使用资本，让资本增值的有效途径。市场是情绪化的，价格运动是个人和大众情绪化行为导致的结果。我不是针对公司或公司的基本面进行交易。我明白，自己是基本面分析问题上知识最少的人，希望在技术上能赶上研究分析人员、股票研究人员、公司会计师、公司经理，或者其他与业务发展有紧密关系的人。如果我掌握了所有这些技巧，就能运营公司了。不过，这些知识渊博的人对所认定的公司做出价值上的判断后，就开始在市场上买卖。这个动作就是定价，反映了所有这些知识渊博的人士所做的所有研究。这些信息免费提供给有趋势图分析能力的人，让他们去领悟。这就是交易技能提升的途径，是我对市场以及价格角色的理解。

市场为我们提供了公平的机会。我们可以投入少量资本，而获得更多资本。我们可以做到，但有些人认为"这是专业人士的游戏"，因为专业人士理解我们无法理解的东西。我反对这种观点。你可能不希望自己来操作交易，但你必须知道自己选择的基金经理或顾问的素质，他们是否真正在理性地工作。这些观点在我的书里都可以找到，包括《交易技巧》、《更好的交易》、《快速成交》和《趋势交易》。

对我来说，连贯的交易就是趋势交易和趋势的持续发展。趋势反转是贪婪的人干的，失败率很高，但如果你能按原则和计划应对止损点，可能会非常成功。贪婪经常让我们忽视理应注意的趋势交易。我们总以为，如果没有注意到趋势反转的那一刹那，就注定与趋势失之交臂。这简直就是胡说。如果在趋势已经确认的时候进场，风险就降低了，因为基本趋势已经确立了，而且强劲。有些趋势可以持续几个月、一年，甚至更长。回报率从50%到200%不等。要获得同样这些利润，你要做多少其他类型的交易？

我现在比刚开始交易时激进多了，因为我相信，要获得最高的回报率，就得抓住趋势变化或反转。对走势图的客观分析可以发现，趋势经常提供最好的回报。

对于可能出现高回报的走势图形态，我是很激进的。我主动寻找旗形、三角形、马蹄形和其他一些严格意义的形态。如果设定了恰当的风险位置，这些都可能带来高回报。

交易是关于风险的游戏。如果你对风险感觉不舒服，无法理解，那么就不要交易。更好的分析和资金管理可以控制风险。我们得对财务状况和走势图进行合乎逻辑的计算。那些认为高回报蕴含着高风险的人没有理解交易中的真正风险。交易成功的关键在于找到高回报交易的机会，而要获得高回报，需要有效的交易方法来降低风险。风险并不是因为你做对了而降低的。那是根据高效率、有逻辑的走势图设定止损点和正确的仓位大小的功劳。

长期的精神集中会产生，而且确实产生了压力。这时候，你只要离开股市一段时间，停止交易就行。这是我们作为自由交易员的一大好处，在风险管理和压力管理方面也是最重要的优势。我们可以等待，直到交易机会绝对好的时候再出手。这样确实减轻了压力。烹饪是我应对压力的重要休闲方式。我也去钓鱼，去旅行。我的很多旅行都与工作、交易方法和途径有关，但也是种休息，让我很享受。

我们每个人都要经历相同的曲线学习过程。这些我写在自己的书《趋势交易》和《股票与期货》杂志中了。曲线有高点，我们达到后再向相邻的领域进军。在每个高点，我们都可能从边缘摔下去，变得不关心财务状况，或者我们也可以朝更高的水平前进。达到高点，我们要掌握基本信息，然后掌握分析机制，即理解走势图和指标。你的高度取决于对金钱管理的影响和作用的理解。最成功的交易员可以快速从高点移动到另一个高点。多数人从来不去理解资金管理，也就无法理解风险。

对于股市和交易，我学到了八个道理，让我受益匪浅，也希望能够帮助你。

第一，简单的方法最有效。没有必要运用复杂的方法。如果你无法快速解释自己为什么这么做，就容易输。

第二，对圣诞礼物要贪心。市场就是关于风险管理和资金回报的。看好这些东西，你的钱就会增加。

第三，理解你的交易对象是市场参与者的心理，他们通过价格来反映情感。情感反应各有不同。这种理解能力是你的交易利器。

第四，如果你无法为自己的行为负责，那么市场会抛弃你。

第五，最需要警惕的危险：你只能把自己的钱投到股市中。有一件事是可以确定的——你可能在股市输掉钱。

第六，我们从来控制不了市场。市场每天变化，我们得调整自己的方法，跟上市场的脚步。市场并没有一成不变的答案。我们每个人都有自己独特的解决方案。我们可以，也应该学习别人的长处，但你的方法终究只能完全适合你自己。

第七，市场和数学关系密切。那些能够独立思考，有良好分析能力的人可以得到回报。做交易首先是对精神的挑战。

第八，从事交易并不是要做对，而是要获利的问题。

第五章 创建交易体系

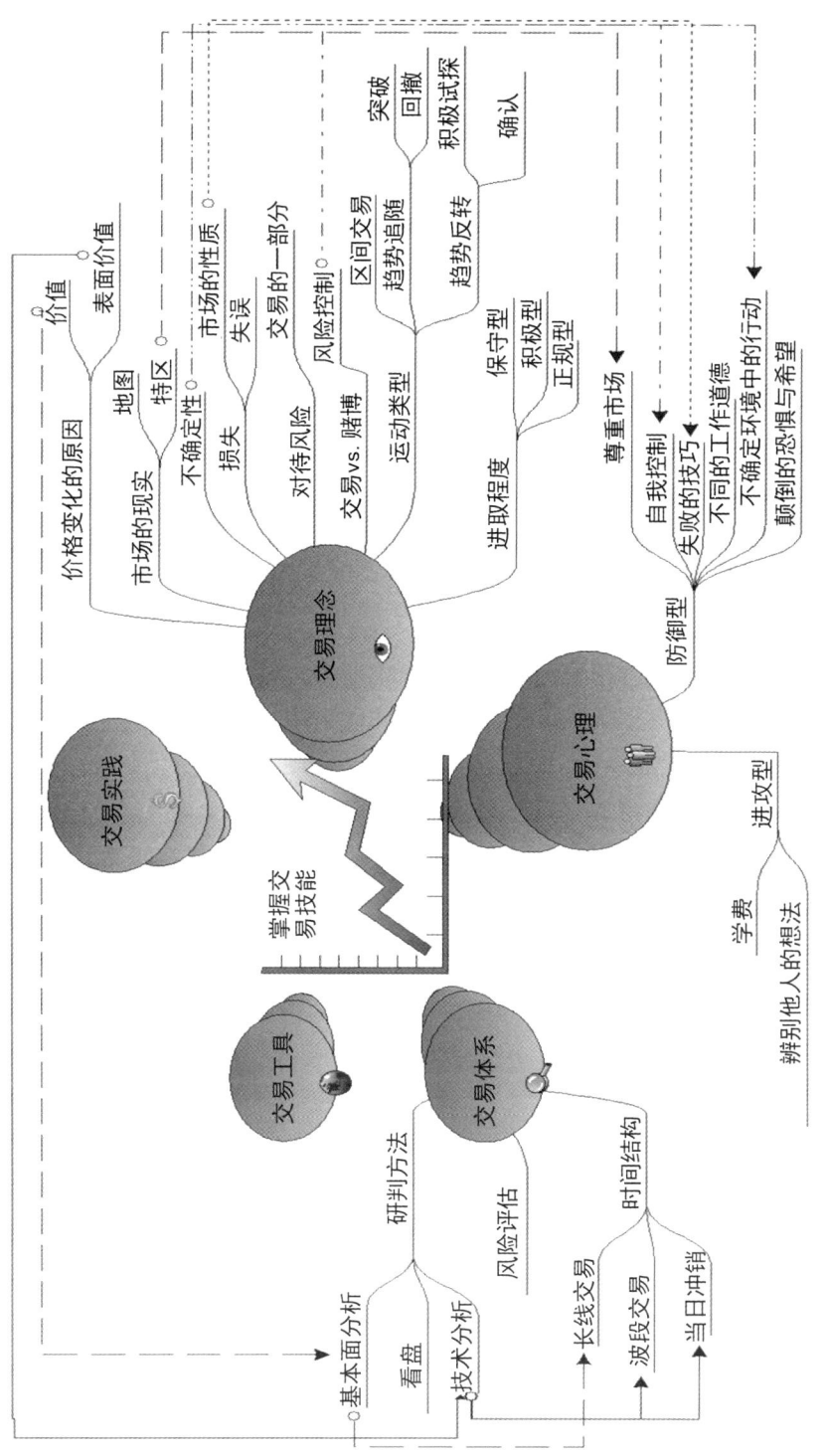

图5-18

第六章 交易工具

交易工具

交易员在这部分把所有的知识都串起来，运用到实践中。这是找交易工具的最后一步，进而达到自己的交易目标。一旦你有了自己的交易工具，也就等于做好了开始执行交易计划的所有准备工作。你的具体工具有券商软件、行情软件、走势图软件和扫描软件。你会面对些新的选择，需要根据自己的经验，挑选适合自己交易风格的工具，从而获得交易体系所需的元素。

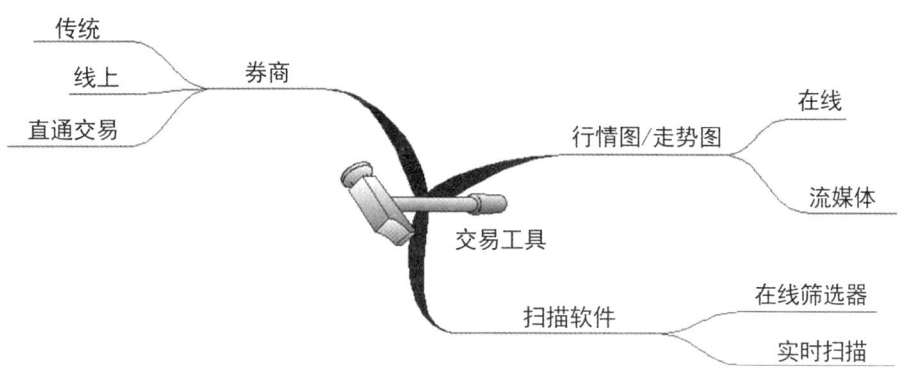

图 6-1 交易工具的思维导图

券商系统

第一个工具是券商系统。你的指令会通过券商流向市场。确定该券商系统符合自己交易方法的要求非常重要。对于自我管控的交易，你有三个选择：传统、线上和直通交易。表6-1展示了三者的比较。和我们大多数的选择一样，没有对所有人都更好或更坏的选择。你得找到最符合自己目标的工具。讨论完券商系统的特点、优势和弱点，我们来归纳一下，这会帮助你做出正确的选择。

选择券商时主要考量的因素有：
1. 执行和确认的速度
2. 路径选择的控制
3. 手续费方案
4. 所提供的服务
5. 支持
6. 操作便捷性

执行和确认的速度

传统的网上券商通常使用浏览器来填入参数，发送指令。他们的速度很快，尤其是在对美分的精确度要求不高，不需要即时执行的时候。如果你的时间结构是秒、分或小时，而不是几个小时、几天或几周，那么速度就无法达到你的要求了。

直通交易券商的软件可以让交易员立即进入市场。这是提交交易指令最快、最有效的途径。只要轻轻一点鼠标或轻轻一敲键盘就能马上把指令提交给市场。只要指令是能够出售的，你就能立即获得执行的确认。你也很容易对软件进行设置，使指令的默认参数符合你的标准，而且，只要轻轻点几下就能按照自己的意愿调整参数了。

路径控制

你可以用不同的方式进入市场。如果你的券商扮演委托人的角色，则可以在"场内"执行券商存量股票以外的指令。或者，可以直接发送给市场，与其他市场参与者进行买卖，从而得以执行指令。发送指令的方式有很多，每种都有各自的优势和缺点。

如果用传统的券商处理方式，你无法真正控制自己指令处理的途径。你可以指定一个在价格和其他方面符合你要求的券商，但这个过程太费时间，而且无法立即对市场事件做出反应。

如果使用线上券商，你可以看到市场正在发生的事件，在合适的时候发出指令，也就有了更大的控制权。不过，你的路径选择很有限。

如果使用直通交易券商，你可以控制所有因素。你可以观察市场正在发生的事件，然后轻轻一点，发送指令。对于如何发送指令，用什么途径发送，你有完全的控制权。你可以在屏幕上看到某个买入价或卖出价的时候进行交易；可以买入或卖出自己的股票，控制自己显示在其他市场参与者面前的信息。例如，你可以这样操作自己的指令，让其他市场参与者只能在屏幕上看到300股，但实际上你有2000股要卖。你可以在开盘前或收盘后发出指令。还有很多其他不同的操作方法，我们将在《指令路径》这节中介绍。

手续费方案

传统券商的服务费比例通常很高。对于某些市场玩家来说，传统券商的全方位服务可能也值得付出这个价格。线上券商的服务项目更少，手续费也就相对更低。但这两种情况的手续费都是固定的。

直通交易券商提供的服务更为灵活。你可以选择按每笔交易计算的服务费或按每股计算的交易费。如果你经常把自己的指令分成若干部分操作，建仓或补仓，那么每股交易费更为实惠，对交易量小的交易员来说也是如此。如果一次性发出大指令，那么每笔交易手续费更为实惠。此外，直通交易券商通常还提供折扣——交易笔数越多，手续费折扣幅度越大。

服务

这是传统券商的亮点——如果你需要的话。传统券商会帮助你研究数据，找出必要的数据，如果发生特殊事件，还会提醒你。线上券商通常扮演你与市场之间的中介的角色，为你提供进入市场的工具，其他事情你得自己解决。

支持

电话支持可能是你极少用到的，但如果出现紧急情况，电话支持的作用非常重要。大多数券商都提供即时支持。大多直通交易券商都以立即接听客户的紧急电话为特色。如果你在交易中出现网络连接问题，可以打电话给他们的交易接线员，这样就能立即执行自己的指令了。相比之下，传统券商和线上券商的流程就显得有点呆板、浪费时间了。和其他选择一样，对服务方面的选择取决于你的交易方法，看你是否需要这种即时帮助。不管怎样，你要自己用网络搜索引擎和券商排名、客户反馈的站点等因素对券商的信誉做些调查。

操作便捷性

线上券商和一些提供线上交易的传统券商的界面通常非常直白，修饰不多，但还是有必要看看他们的在线帮助，熟悉所有细节。你只要填写在线表格就行，非常简单。

相较之下，直通交易券商的软件界面要复杂得多。虽然大多数时候也没有太多修饰，但还是需要花时间学习。这种软件给你很多不同的选择，但在使用前，你得花两天的时间学习如何操作。直通交易券商的软件中，帮助的信息量大，几乎涵盖所有问题，通常还有视频文件，为你学习软件的所有特点提供帮助。一旦你学会了这些，就很容易快速设置自己的指令了。我们会在后面给出这种软件的示例。

表6-1　不同类型的券商比较

类型	速度	路径控制	手续费	服务	支持	操作便捷性
线上	好	一般	固定，通常适中	少	一般	好
直通交易	良好	良好	灵活，通常可能是最低的	少	好	要求学习
传统	差劲	差劲	固定，通常较高	最多	一般	好

券商类型选择

现在，我们来分析你对不同条件的需要——取决于你的交易方法。

如果你是长线交易员，你不需要按分钟或秒来交易，也不需要闪电般的指令执行速度，不会真正在意自己指令的路径。你可能不会经常交易，而且追求每笔交易后面的巨大利润。总的来说，手续费大小对你来说并不太重要，将是你利润中很小的一部分。你可能需要借助于券商进行市场研究。由于你不经常交易，所以操作的便捷性并不是那么重要。

如果你是波段交易员，虽然速度要求不及当日冲销交易员或帽客，但速度对你来说还是很重要。你不必太过担心指令的路径。手续费大小对你来说更重要。你很可能不会依赖券商做市场研究。操作便捷性虽然不是特别关键，但对你来说也很重要。

如果你是当日冲销交易员或帽客，能否即时执行指令绝对是个关键。路径的控制力对帽客绝对是至关重要的，对于当日冲销交易员也非常重要。由于经常交易，每笔收益相对较小，高频率的补仓和平仓要求手续费计算方式灵活，费用低。你不会关心券商的所有服务，需要的是界面简单明了的软件，在学习后可轻松操作。

下面的表格（表6-2）反映了你对券商不同服务的需求。

表6-2 对券商服务的需求

类型	速度	路径控制	手续费	服务	支持	操作便捷性
长线交易员	不关心	不关心	有限	可能	有限	不是特别重要
波段交易	需要	不是特别重要	重要	不是特别重要	有限	有限
当日冲销交易员、帽客	关键	关键	关键	不关心	重要	重要

参照自己的交易方法，你就很容易发现自己适合哪种券商。长线交易员可以在传统券商和线上券商之间选择。看看自己是更需要全套服务，还是更在意手续费多少。

波段交易员可以在线上券商和直通交易券商之间选择。有些直通交易券商推出了缩减版软件，可以满足波段交易员的所有实际需要。

最后，对于当日冲销交易员，特别是帽客，选择很明显——只有直通交易券商才能满足其需要。

💡 如果选定复合型的交易方法，包含两种或两种以上的交易方法，选择总是可以满足你最关键需求的券商。这意味着，如果你做长线交易和波段交易，那么需要线上券商；如果打算做波段交易和当日冲销，则需要直通交易券商。

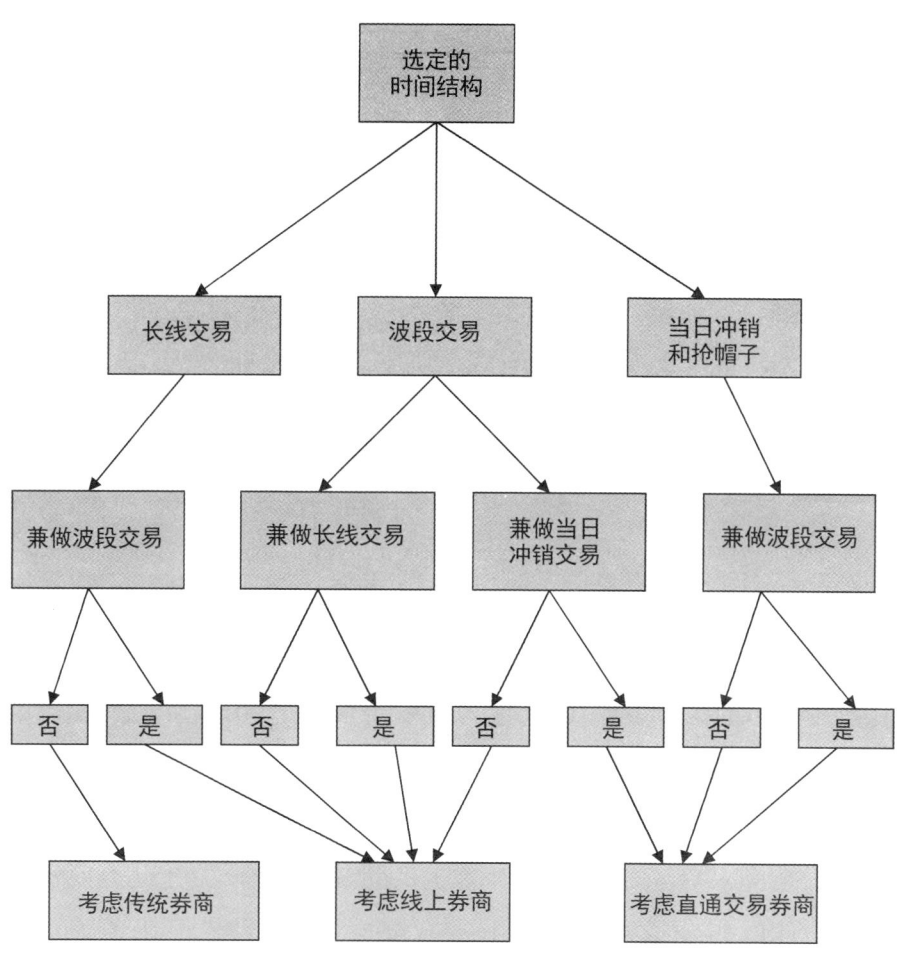

图 6-2　券商选择树形决策图

直通交易软件范例

考虑到直通交易券商的软件是唯一需要花大量时间学习的类型，我们接下来讨论这种软件的一些特点。范例中显示的是 MB Trading 公司的 Navigator。在加拿大，这种指令录入技术是 Trade-Freedom 公司提供的。Navigator 可以单独使用或与走势图软件结合起来使用。范例中我们讨论的是单独使用的情形。

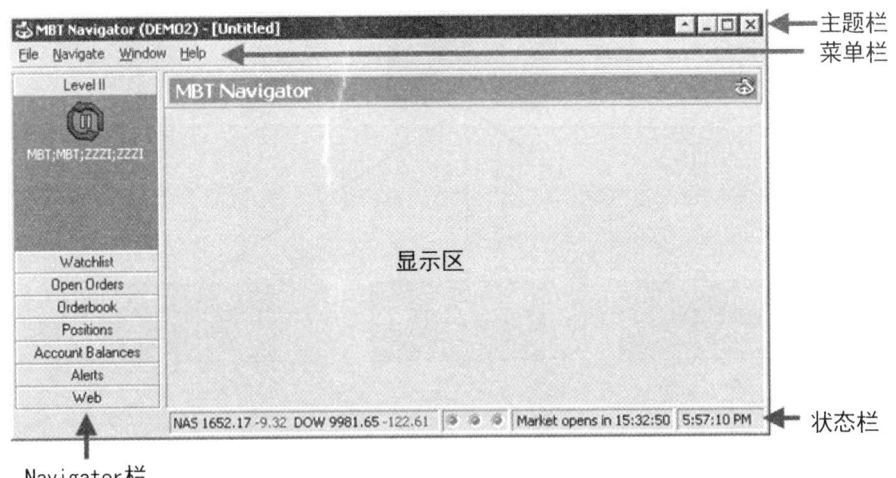

图 6-3

上图是 Navigator 目录的截屏，你可以把自己想交易的股票放在显示区或显示屏的任何其他位置。下图（图 6-4）是第二级的截屏。

运用该软件，你可以拖放组件，放在任何位置，为其他组件节约了空间。你点击第二级屏幕上的价格水平，就可以把该价格放在自己的指令录入栏中（下一截屏），以便轻松、快速地调整价格。状态栏中有纳斯达克和纽交所指数的滚动数据，而三个灯则表示行情、指令和消息服务器的连接状态。

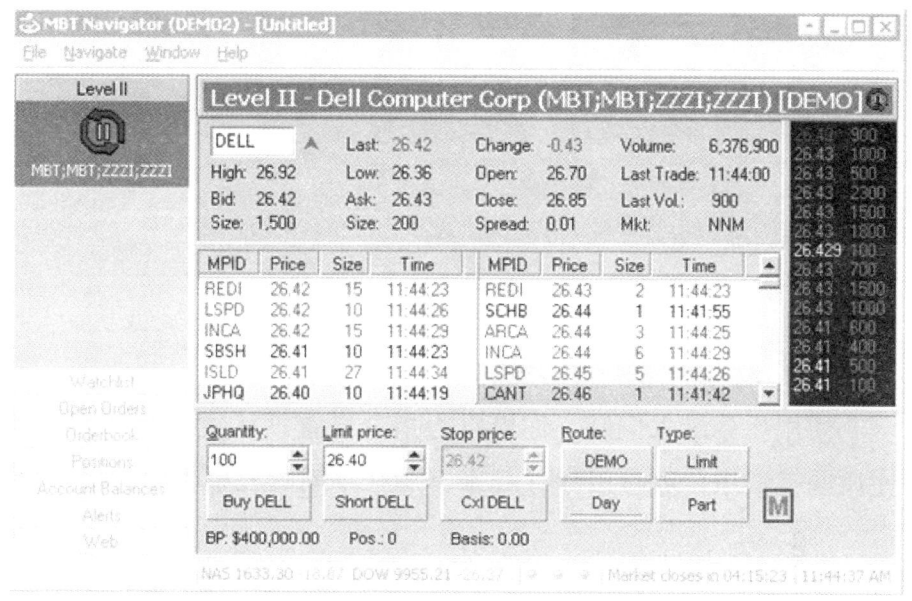

图6-4 指令录入屏正好在第二级下方

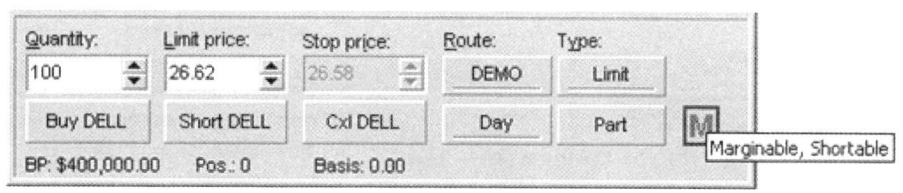

图6-5

上图（图6-5）有将指令买入、卖出、撤单的按键，以及改变指令类型的按键。用相关窗口附近的小箭头就可以轻松调整股票数量和价格。点击Pos就能调整实际仓位的股票数量。点击BP就能将股票数量切换成以当前账户资金可买入的最大数量——小心这个功能！右键单击按键可以打开下拉目录，看看自己有哪些选择。你可以看看自己正在观察的股票是否可以卖出。不同风格的交易者可以选择不同的指令录入屏模板，从上图最简单的模板到下图（图6-6）更加复杂的模板：

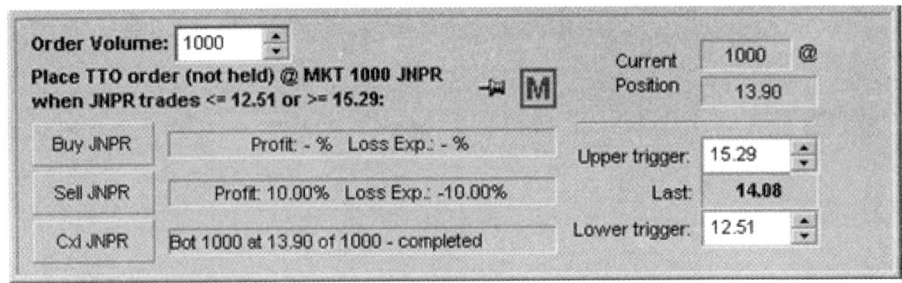

图 6-6

使用指令录入偏好，你可以为指令设置默认值。这样，最常使用的参数组合就可以保存起来，用在不同的股票上。

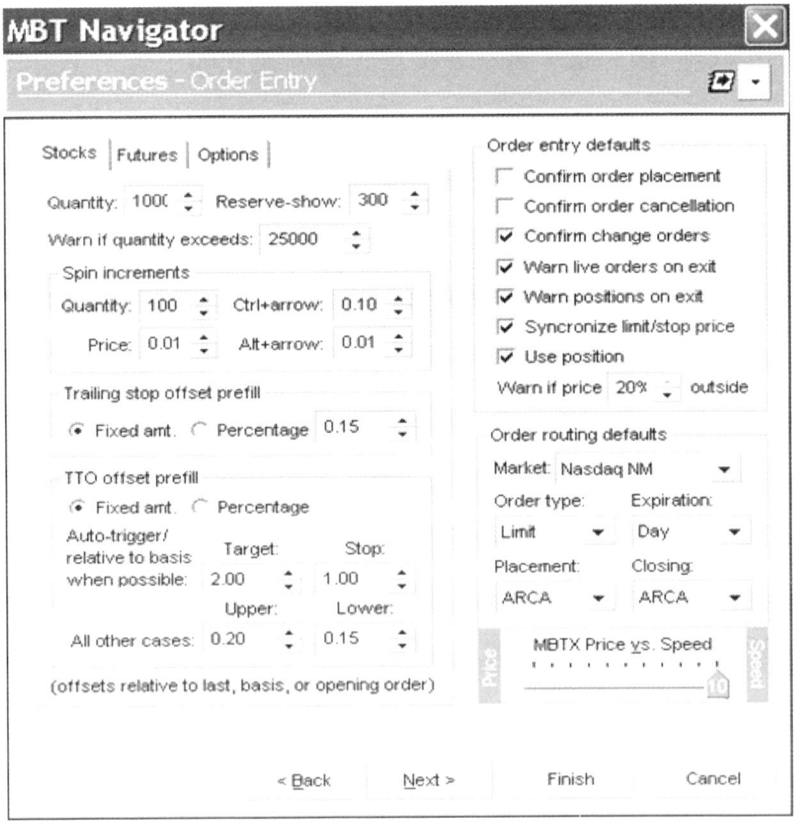

图 6-7

如果你对自己的指令参数还不是很自信，可以在设置 Navigator 的时候，选择询问你在发出指令前确认指令，多给自己一次确认的机会：

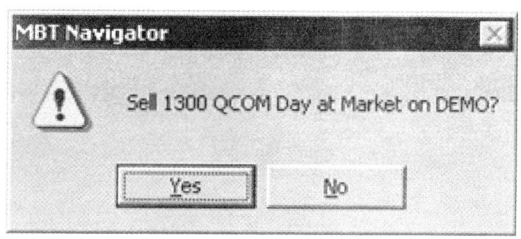

图 6-8

指令发出后，指令记录簿（如图 6-9）马上弹出来，显示指令的状态：

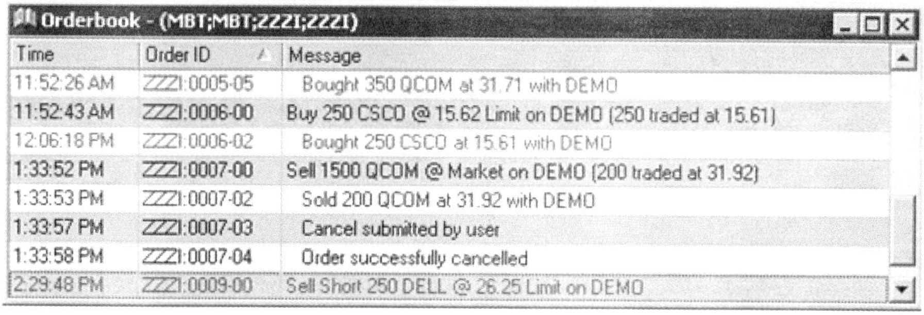

图 6-9

仓位情况是受到实时监控的，你可以查看不断更新后的状态（如图 6-10）。

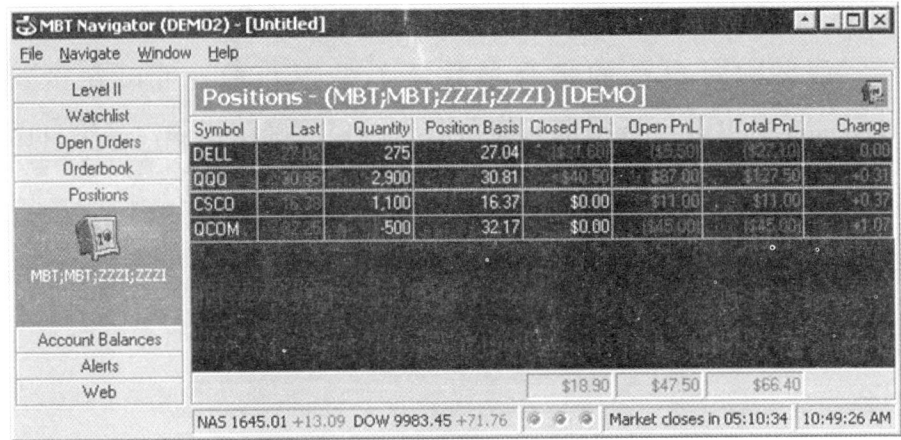

图 6-10

你可以看见自己整个账户的余额在不断更新（如图 6-11）：

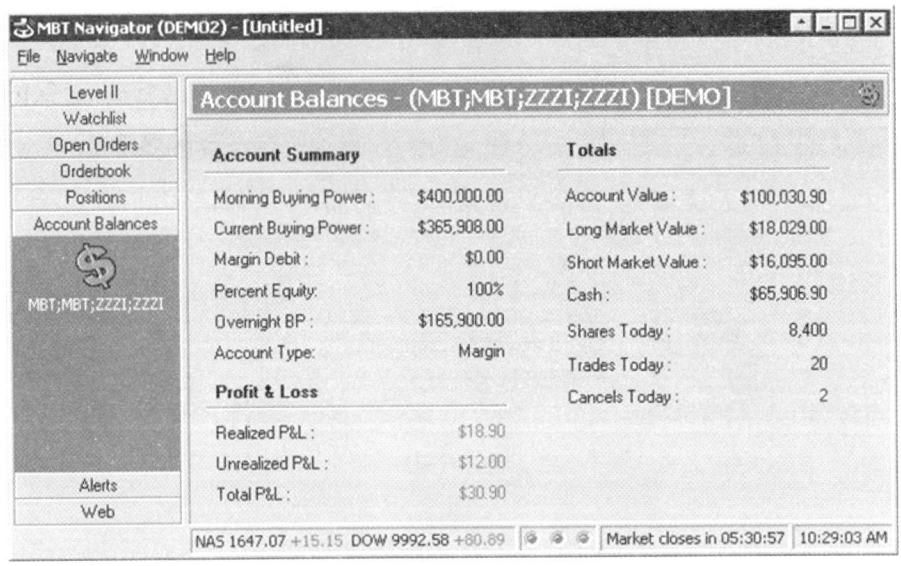

图 6-11

为了监控自己投资组合中的多只股票或某个行业相关的股

票，你可以创建 Watchlist（如图 6-12）。

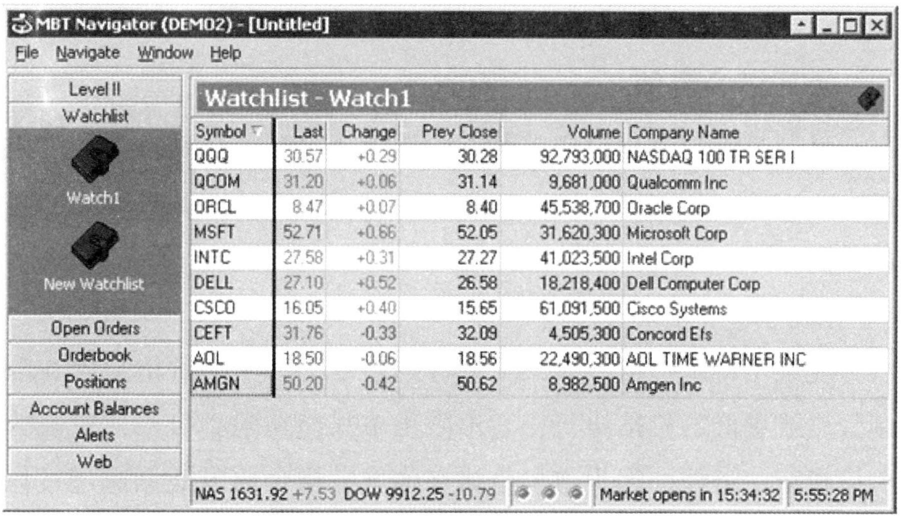

图 6-12

Navigator 还有工作人员提供在线帮助的功能，解答非紧急的问题，提供带有日报表或月报表、交易总结等内容的各种报告。

我们可以看到，这是非常强大的武器。你可以用非常高效的工具参与市场活动。

问答整理

问：

现在有很多的指令录入模板可供选择。你对模板有什么偏好吗？为什么？

答：

我更喜欢对简单的交易用简单的模板，只有需要设置更复杂的指令时再进行切换。如果不需要为某个交易使用更为先进的模板，我更愿意使用"Alternate one"。原因很简单：买入键和卖出键隔得远，不小心点错的几率小。大家应该知道，急的时候点错的情况经常发生。

委托指令类型

另一个我们要讨论的重要方面是指令类型：基础指令和高级指令。通常，基础指令对于初学者足够了。下面是 Navigator 的基础指令：

限价单

在某个特定价格买卖某个证券的指令。买入限价单只能在限制价格或更低的价格执行，卖出限价单只能在限制价格或更高的价格执行。记住，因为市场价格在你填完指令前可能迅速超过你的限定范围，所以限价单可能永远也无法执行。不过使用限价单，你可以保护自己，不至于买入过高价格的股票。

市价单

在当前市场价买入或卖出股票。市价单的优点是你几乎可以确定，自己的指令是可以执行的（只要存在有意愿的买方和卖方）。缺点是，指令执行时，你支付的价格可能不是实时行情或从券商处得到的价格。在市场价波动剧烈时，这种情况尤为突出。特别是你为大量股票在"场内"下委托单的时候，不同部分的成交价格很可能不同。

纳斯达克开盘市价单

在纳斯达克股市开盘（美国东部标准时间（EST）9：30）时挂进市价单。价格触发后，MBTX 用算法找出市场的最佳价格，但这一价格得不到保证。

纽交所开盘市价单

在纽交所或美交所 AMEX 开盘前挂进市价单。该委托单将发往专员，真正开盘时再发出。价格因具体情况不同而不同，而且，有时候真实情况并没有反映出来。委托单的价格可能比你期望的更好或更差。

市价止损单

在价格触发或超过某一特定价格时，立即在市场上买入或卖出某只股票。持仓（无论做多或做空），而且在价格背离时希望平仓的交易员，以及在股价升到某一特定价位后希望开仓的交易员使用这种委托单。卖出止损的止损价必须低于当前的买入价。买入止损的止损价必须高于当前的卖出价。市场波动剧烈时不能保证在止损价或止损价附近执行止损单。一旦价格触发，则马上与挂出的其他市价单竞争。

限价止损单

与市价止损单作用类似，但有个主要区别：该委托单触发后（通过止损价或止损价附近价格的股票交易），不会成为市价单，而是某一特定价格的限价单。

该委托单的优点在于，设定一个特定价格后，就可以挂单。缺点是，该委托单可能无法执行。此时，亏损会继续下去，直到平仓为止。

保留单

仅把部分交易显示在第二级上。有些交易量大的交易员可能觉得这个方法很好，因为系统只会收取你一份手续费，这可以很好地降低费用，而且还能隐藏自己实际委托单的大小。

追踪止损

按照市场趋势行动，从市场运动中获利，限制风险，而不必持续监控价格。追踪止损是让止损价随着股票价格的波动而变动，而且有服务器端口，在网络连接断开的时候给予保护。

高级委托单要复杂得多，而且可以高度自动的方式高度灵活地操作。随着交易风格的改善，你可能发现有些高级委托单非常有用。以下是 Navigator 一些委托单指令的介绍：

全权委托指令单（限于股票）

设定全权委托价格范围。比如：在限定价格 65，全权委托价为 65.5 的时候买入 100 股 CSCO，那么，你的委托单会以固定限价的方式显示，而不是全权委托价。如果有买入价或卖出价在你的全权委托价格区间内，单子会在其他纳斯达克参与者出价的时候卖出。注意，该股票的交易并不考虑你的最大利益，因为该全权委托价不考虑是否对你来说是最高的卖出价或最低的买入价。

全权委托保留单（限于股票）

和全权委托指令单类似，但可以只显示总交易量的一部分。有些交易量大的交易员可能觉得这个方法很好，因为系统只会收取你一份手续费，这可以很好地降低费用，而且还能隐藏自己实际委托单的大小。

触价转市价单（TTO 订单）

指定两个价格，一个高价，一个低价。一旦市场报价触发任何一个价位，那么其对应的市价单将发送到市场。设计这种订单模式是为了限制潜在亏损和锁定潜在盈利。

限价+追踪止损

首先执行限价单（买入或者卖出），一旦限价单被执行，则系统将发送出相反方向的追踪止损（卖出或者买入）。

限价+TTO

首先发送一个限价单（买入或者卖出），一旦限价单被执行，则系统将发送出相反方向的 TTO（卖出或者买入）。

市价+TTO

首先发送一个市价单（买入或者卖出），一旦限价单被执行，则系统将发送出相反方向的 TTO（卖出或者买入）。

止损+TTO

首先发送一个止损单（买入或者卖出），一旦限价单被执行，则系统将发送出相反方向的 TTO（卖出或者买入）。

保留+TTO

首先发送一个保留单（买入或者卖出），一旦限价单被执行，则系统将发送出相反方向的 TTO（卖出或者买入）。

价格 VS. 速度

对于寻求流动性的委托指令，调整其攻击性。用"价格 VS. 速度"来设置入场限价，对市场流动性进行扫描。高"速"设定通常带来更快的录入，而偏好"价格"的设定通常带来更大的价格上涨，有效地为 MBTX 刹车和加速。

手续费方案

交易员有必要选择适合自己交易风格的手续费方案。你已经确定了自己的交易策略，现在，是时候用交易策略来为自己的服务费考虑了。如果交易策略变了也不必担心，把手续费方案切换成另一个并不是什么难事。通常提供灵活手续费结构的券商会提供一张简单的表格，让你弄清楚哪种方案最适合自己，从中你会发现计算最合适的手续费结构很简单。使用券商的数据，涵盖券商指数的所有要素（如 ECN 费用），把每笔交易的股票数量填入表格，努力找出在哪个点。接着，看看你计划交易的股票数量，选择手续费方案。同样，考虑卖出部分股票或补充的情况是否会影响你对手续费方案的选择。如果这是你交易计划的一部分，你很可能适合每股手续费方案。记住，从指令类型可以看出，就算一开始你并没有计划买卖部分股票，但 TTO 指令是可以部分执行的。

表 6-3　手续费方案比较

每笔交易的股票	每股手续费	每笔交易手续费
100		
300		
500		
1000		
2000		
5000		

> 通常，如果你计划买卖 1000 股，或 1000 股以下，那么选择每股手续费更为划算。如果交易指令为 1000 股以上，则每笔交易手续费的计算方法更适合一些。一般来说，如果刚开始实际操作交易，选择每股手续费更好；如果以后增大了交易量，可以切换手续费方案。

券商选择的资源

www.mbtrading.com

www.tradefreedom.com

行情/制图软件

根据自己选择的时间结构，你可能需要查看浏览器观察的走势图或查看实时更新的走势图。如果你是时间结构为数周和数月的长线交易员，可以使用提供良好互动制图服务的网站。如果你是当日冲销的交易员或波段交易员，则需要实时的，不断更新的制图服务。

浏览器上的制图

这种制图服务提供了多种工具，你可以改变时间结构，应用不同的技术分析结果和指标。而且，现在有更多更先进的网站，甚至可以扫描市场，为你选择交易对象。finance.yahoo.com 就是最简单的例子。你的选择很多，从当日冲销到持续数年的长线交易；可以添加移动平均线和十个不同的指标，在一个窗口中比较不同的走势图，获得自己所研究公司的基本数据。现在还有提供复杂制图服务的多种功能的网站，如 stockcharts.com，bigcharts.com。

实时流式软件的应用

交易员要获得、使用实时行情，有三个基本途径：券商提供的走势图、单独的走势图和与券商软件结合在一起的走势图。

如果用第一种方法，交易员得选择一家提供这种软件的券商，可以自己发出指令。这是最简单的方法，你得到的是一站式服务。不过，这种软件也有缺点。虽然外面还有些你可能更喜欢的软件，但你已经把自己封闭在这个软件里了。另一个缺点是你没有其他的数据做参考。如果软件因为什么原因滞后了，你没有办法及时发现问题。如果每个月都要执行几笔交易，券商通常会对这种软件的价格打折。这对经验丰富的交易员来说算是优惠，但容易让初学者滋生过度交易的念头。

如果用第二种方法，券商提供的软件单独执行指令，而行情数据由第三方单独提供。你的选择非常多，有两个独立的行情来源，可信赖度更高。缺点就是费用更高，而且不是那么方便，无法直接从自己的行情软件中发出指令。

如果使用第三种方法，那么券商为你提供多种服务包，而且你选择的软件必须可以与其他应用结合起来。这种方法综合了前两种方法，有效地弥补了各自的劣势。之前讨论选择券商时，我们已经见过 MBTrading 公司和 TradeFreedom 公司（限于加拿大居民）的例子，那就是解决办法。

与做其他选择一样，阅读评论会给你带来帮助。此外，大多数软件提供商都提供免费试用，让顾客有机会熟悉软件，确定自己用起来顺手。试用期间，你得把所有的功能都试一试，确认软件已经包含了自己需要的所有功能，而且容易记忆，容易操作。最后，确认自己在开盘时运行了软件，观察了行情。开盘是网络流量很大的时候，对软件的稳定性是个很好的考验，可以暴露软件可能存在的滞后情况。

> 记住，行情软件提供免费试用的时候经常需要支付小额费用，这是交易收取的费用，而且不可返还，而行情软件提供商转而把该费用转嫁给消费者。试用期间，不要将自己将来可能需要的所有证交所都定下，只要试了关键的就够了。

我们把这些选择总结到下面的思维导图（图 6-13）中。

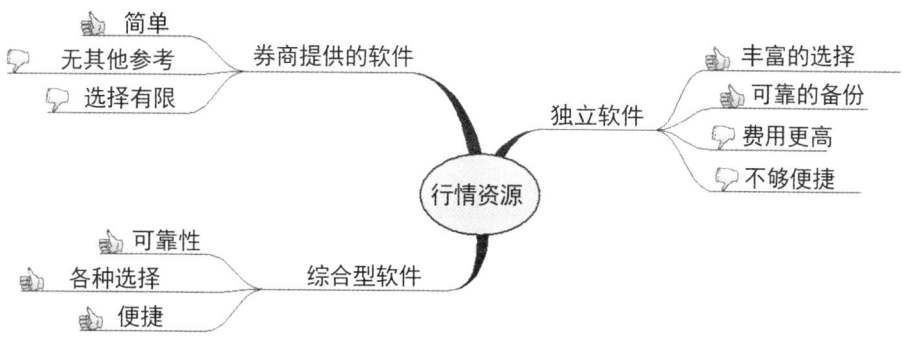

图 6-13　选择流式行情/制图软件

主要特点

订购软件时，你会看到，各种软件有不同的特点。这时候，你得根据自己之前的选择做决定了。如果你是个帽客，你需要第二级的数据。如果你是波段交易员，你很可能不需要。如果期货和股票的交易你都想做，你得选择合适的交易所。如果你只做股票或期货中的一种，可以不考虑和你的交易不相干的交易所。如果你以后决定扩大业务，到时候添加些交易所数据是很容易的。如果你只关注股票，下一个问题是你准备做纳斯达克、纽交所和美交所的三家交易所股票，还是只做其中一个交易所的股票。如果你只做一家交易所的股票，那么可以减少其他的股票资讯订阅，费用也会相应地降低。

> 如果你不打算做期货交易，但是想看看市场总体运动的走势图，那么可以选择现金指数。现金指数和期货不同，其服务已包含在主要应用的费用中。例如，你可以选择 NDX，而不是纳斯达克 100 股指期货，以便节约服务费。

运用制图软件，你可以创建包含各种流式数据的多个窗口，其中最重要的是走势图。你可以根据自己的交易风格对软件进行设定：改变时间结构，创建 K 线，把无数的研究结果和指标放进去，画出支撑线和压力线。花合理的时间设置让自己赏心悦目的窗口。有时候，一些简单的事，比如改变背景和线条的颜色可以带来很大的不同。软件有自动调节显示比例的功能，因此，交易增大时也可以将走势图调到适合窗口的状态。你得熟悉这些特点。还有一个重要的特点：确定走势图大小合适，能够放进窗口。这样，你不用滚动屏幕就可以在走势图中看到整个时期的数据了。模拟交易时期，你有足够的时间去熟悉所有的目录。

制图软件有一个窗口，你可以把自己想观察的股票添加至其中。不同软件的这种窗口有不同的名字，如 watchlist、portfolio、marketminder 等。窗口中只显示这些股票的有限信息：收盘价、开盘价、最高价、最低价以及与上一交易日收盘价的比较。这样，你就可以在信息不"超载"的情况下持续关注许多股票或指数了。

使用第二级窗口，你可以观察纳斯达克股票的市场深度。在不同价格，市场参与者的报价及其指令的大小可以帮助你在一定程度上理解某只股票的流通性。人们总是夸大这一工具的重要性。虽然这是我们前面讲过的风险评估的重要工具，但除了判断一两个最小的价格变动量，并不能真正帮助你判断市场的运动方向。除非你是个当日冲销的交易员和帽客，否则还是退出吧。

时间和销售窗口显示实时交易的滚动信息。该窗口也是对于当日冲销的交易员和帽客的作用大过其他时间结构的交易员。指令通常有颜色标记，这样，你就不容易将买和卖搞混了。

窗口可以相互链接，当你放入某个标识时，链接上的其他窗口也会打开。这样不仅可以节约时间，而且也降低了出错率。

我只是列举了主要的窗口，还有更多其他的窗口，每个软件包都有不同的特点和专有名称。不要给自己过多的信息，简单点。综合时间结构时，如果你需要用于不同目的的不同窗口，最好创建多种图版，并进行命名，而不是把所有的信息都显示在一个页面中。你可以轻松切换图版，而每种图版都轮廓清晰。

问答整理

问：

帮我理解对第二级窗口的需要。我听见交易员说那是个有魔力的工具，但有些人说一点用也没有。到底谁是对的？

答：

因为这样那样的原因，第二级是种最具有传奇色彩的工具，让人感觉有闪闪发光的漂亮色彩，感觉是种大众都能使用的专业工具。糟糕的是，很多交易员为第二级所迷，把它当成唯一的工具。出现零碎股、带小数的股票数的时候，第二级失去了作为导向性工具的意义（不再是意义重大了）。现在，这个工具在交易中的角色取决于交易员的时间结构和交易风格。对于长线交易员没有用；有些当日冲销交易员觉得有用，而且帽客确实需要。对很短的时间结构进行风险评估是第二级的主要作用，对帽客来说，这帮助他们改善了进场和出场的时间选择。市场玩家有时候玩的游戏，以及某种程度上可以为第二级所解读的游戏是帽客最喜欢的。俗话说，有锤头的人把什么都看成钉子。这正是现在真真确确发生的：如果只关注第二级，你的交易几乎都会变成抢帽子。如果你本意如此，那也无可厚非。不过，你还是要做出决定，选择运用合适的工具，而不是用其他办法。

制图软件的资源

http：//finance.yahoo.com/

http：//stockcharts.com/

http：//bigcharts.com/

扫描软件

扫描软件会帮你找到达到自己交易标准的股票。和其他先前提到的所有事情一样，这个时候你要根据以前的决定做出选择。

现在有在线筛选器——非常简单，而且免费。如果你是长线交易员，服务商可能可以满足你初步筛选的要求，选出你下一步要深入研究的股票。下面这个截屏（图6-14）就是http://markets.usatoday.com/custom/usatoday-com/screener/screener.asp. 上的一种筛选器。

你可以设置一些参数，包括技术分析参数和基本面分析参数，然后找出适合这些参数的股票。

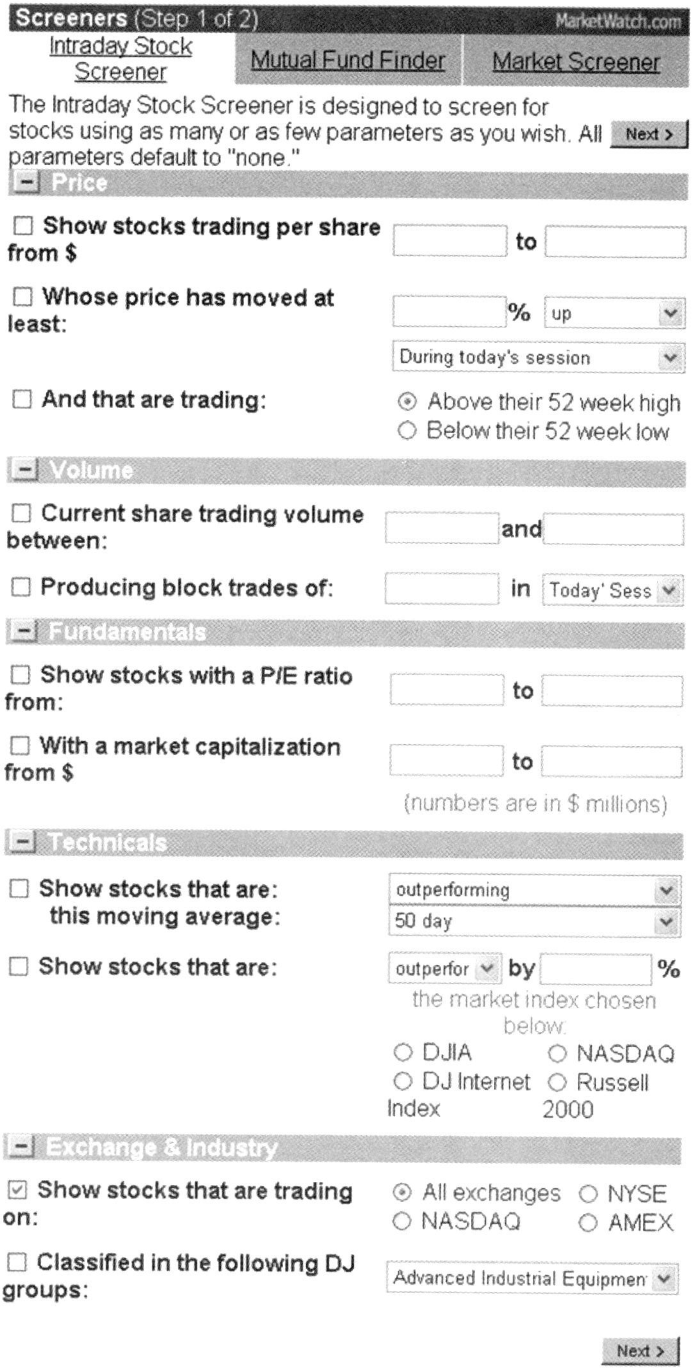
Screeners (Step 1 of 2)
MarketWatch.com
Intraday Stock Screener
Mutual Fund Finder
Market Screener
The Intraday Stock Screener is designed to screen for stocks using as many or as few parameters as you wish. All parameters default to "none."
Next >
Price
Show stocks trading per share from $
to
Whose price has moved at least:
%
up
During today's session
And that are trading:
Above their 52 week high
Below their 52 week low
Volume
Current share trading volume between:
and
Producing block trades of:
in
Today' Sess
Fundamentals
Show stocks with a P/E ratio from:
to
With a market capitalization from $
to
(numbers are in $ millions)
Technicals
Show stocks that are: this moving average:
outperforming
50 day
Show stocks that are:
outperfor
by
%
the market index chosen below:
DJIA
NASDAQ
DJ Internet Index
Russell 2000
Exchange & Industry
Show stocks that are trading on:
All exchanges
NYSE
NASDAQ
AMEX
Classified in the following DJ groups:
Advanced Industrial Equipmen
Next >

图 6-14

另外还有一个这种筛选器在http://screen.yahoo.com/stocks.html（图6-15）上。

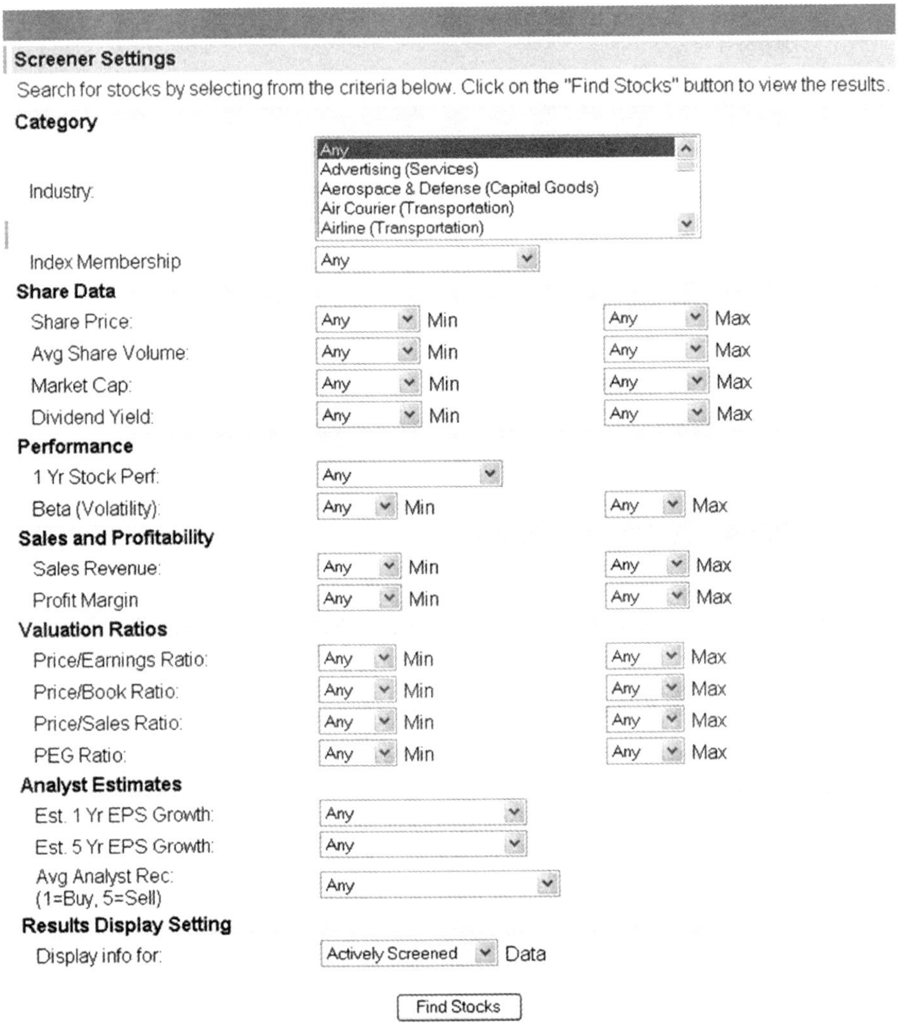

图 6-15

两种截屏的内容本身都很明了，不用怎么学就能使用。

如果你是做短线交易的，你可能需要实时扫描软件。市面上有很多适合特种口味和交易风格的这类软件，有些嵌入在制图软件中，有些是独立的软件。现在还有非常先进的扫描器，几乎能够搜索到达到所有标准的股票。实时扫描器的搜索标准中不包括基本面数据，优势在基本面的参数上。IntelliScan 就是一款非常灵活、强大、高度个性化的扫描器软件，可以在 http：//www.realitytrader.com/iscan.asp. 上找到。

你可以使用预先设定好的警报，或根据自己的标准创建任何数量的提示。软件还自带过滤器，帮你选择可能感兴趣的股票。这种扫描器的过滤器实际上可以满足任何时间结构和交易风格。IntelliScan 的下面这个截图是为繁忙的当日冲销设置的。提示有不同颜色的标记，这样，你可以在不看具体说明的时候就能知道是哪类提示。双击标识，软件就会把数据发到制图软件上，或发到交易软件上。你可以对交易量、易变性、价差和很多其他标准设置限制，这样，你就能得到为自己的交易风格量身定做的提示了。

下图（图6-16）是显示多个扫描器的屏幕：

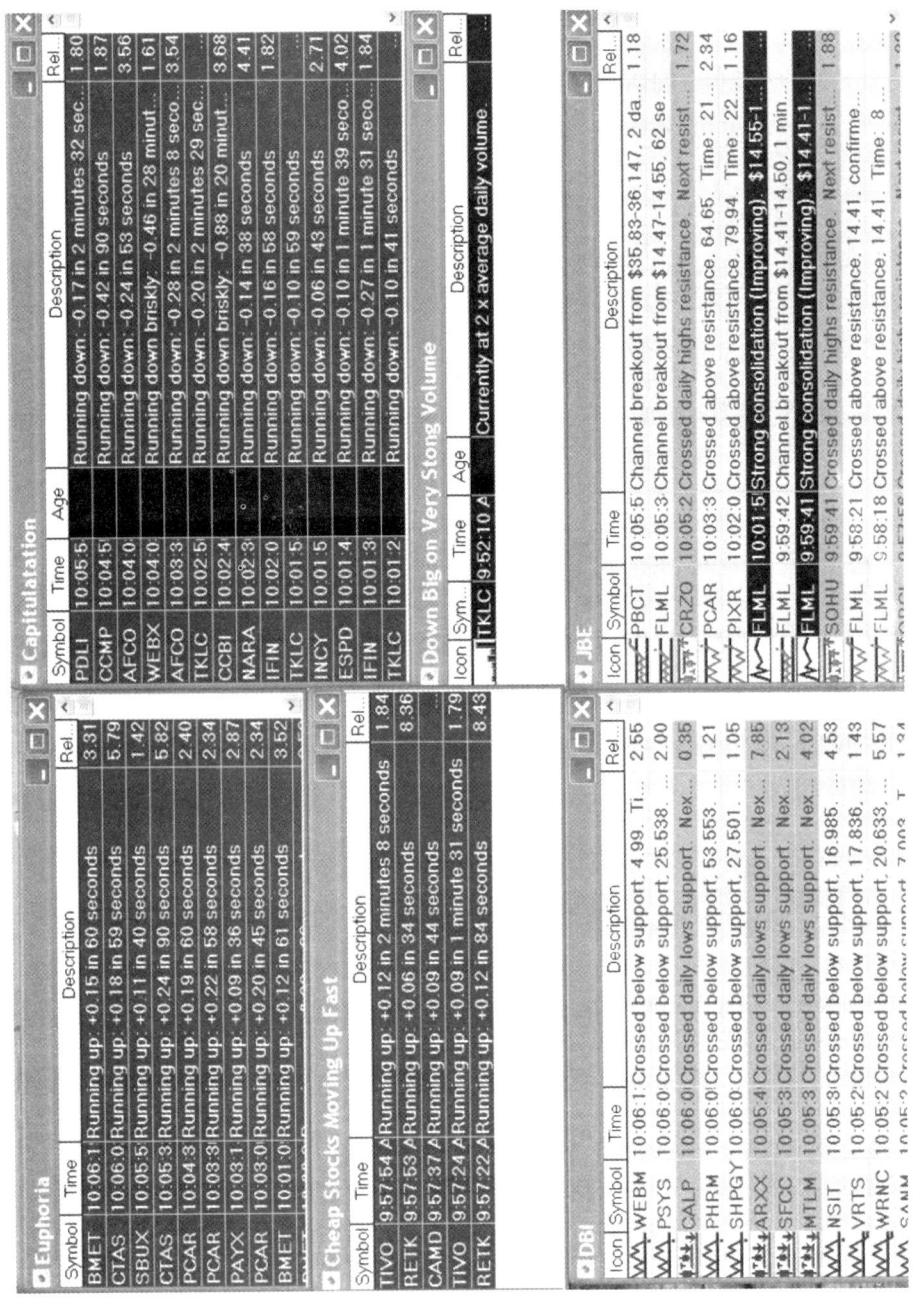

图 6-16 显示多个扫描器的屏幕

下图（图6-17）显示的是为走势图形态确认而设计的扫描器。

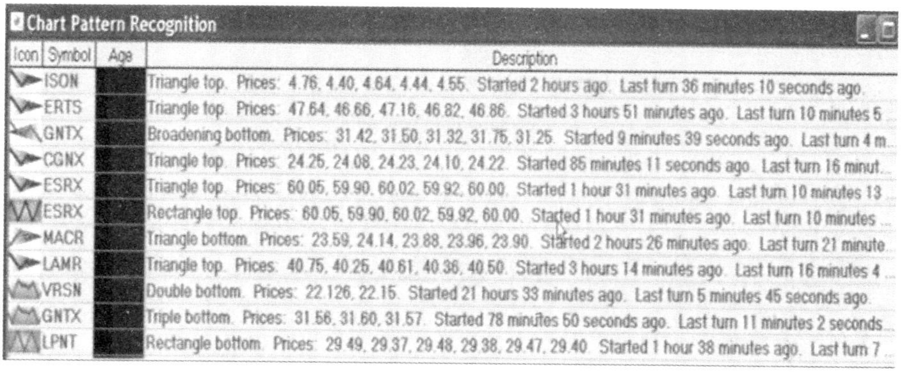

Chart Pattern Recognition

Icon	Symbol	Age	Description
	ISON		Triangle top. Prices: 4.76, 4.40, 4.64, 4.44, 4.55. Started 2 hours ago. Last turn 36 minutes 10 seconds ago.
	ERTS		Triangle top. Prices: 47.64, 46.66, 47.16, 46.82, 46.86. Started 3 hours 51 minutes ago. Last turn 10 minutes 5 ...
	GNTX		Broadening bottom. Prices: 31.42, 31.50, 31.32, 31.75, 31.25. Started 9 minutes 39 seconds ago. Last turn 4 m...
	CGNX		Triangle top. Prices: 24.25, 24.08, 24.23, 24.10, 24.22. Started 85 minutes 11 seconds ago. Last turn 16 minut...
	ESRX		Triangle top. Prices: 60.05, 59.90, 60.02, 59.92, 60.00. Started 1 hour 31 minutes ago. Last turn 10 minutes 13 ...
	ESRX		Rectangle top. Prices: 60.05, 59.90, 60.02, 59.92, 60.00. Started 1 hour 31 minutes ago. Last turn 10 minutes ...
	MACR		Triangle bottom. Prices: 23.59, 24.14, 23.88, 23.96, 23.90. Started 2 hours 26 minutes ago. Last turn 21 minute...
	LAMR		Triangle top. Prices: 40.75, 40.25, 40.61, 40.36, 40.50. Started 3 hours 14 minutes ago. Last turn 16 minutes 4 ...
	VRSN		Double bottom. Prices: 22.126, 22.15. Started 21 hours 33 minutes ago. Last turn 5 minutes 45 seconds ago.
	GNTX		Triple bottom. Prices: 31.56, 31.60, 31.57. Started 78 minutes 50 seconds ago. Last turn 11 minutes 2 seconds...
	LPNT		Rectangle bottom. Prices: 29.49, 29.37, 29.48, 29.38, 29.47, 29.40. Started 1 hour 38 minutes ago. Last turn 7 ...

图6-17

下图（图6-18）是另一个截屏，为快速卖出——投降式抛售进行扫描。

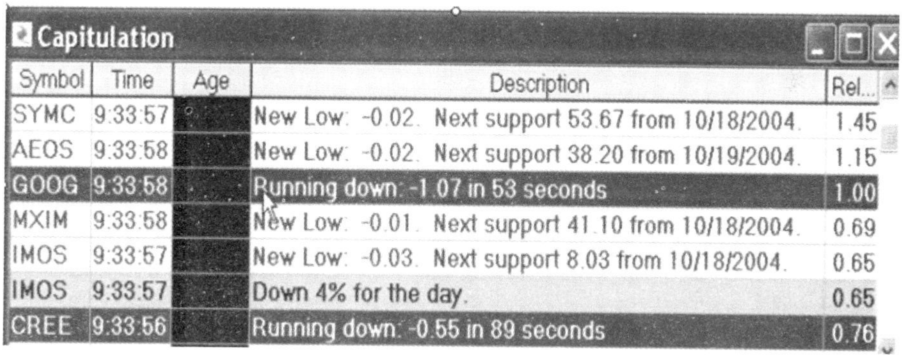

Capitulation

Symbol	Time	Age	Description	Rel...
SYMC	9:33:57		New Low: -0.02. Next support 53.67 from 10/18/2004.	1.45
AEOS	9:33:58		New Low: -0.02. Next support 38.20 from 10/19/2004.	1.15
GOOG	9:33:58		Running down: -1.07 in 53 seconds	1.00
MXIM	9:33:58		New Low: -0.01. Next support 41.10 from 10/18/2004.	0.69
IMOS	9:33:57		New Low: -0.03. Next support 8.03 from 10/18/2004.	0.65
IMOS	9:33:57		Down 4% for the day.	0.65
CREE	9:33:56		Running down: -0.55 in 89 seconds	0.76

图6-18

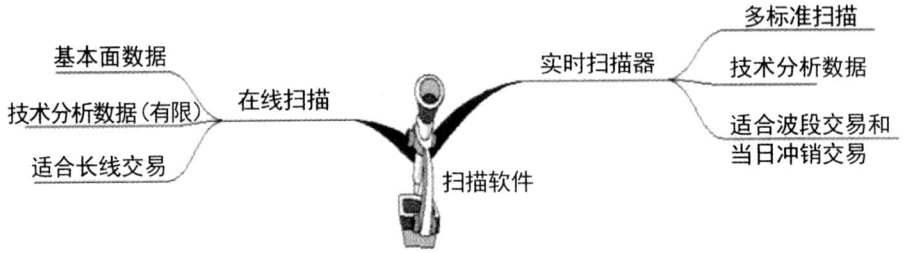

6-19 扫描软件的思维导图

问答整理

问：

如果我得到了扫描器的提示，是不是意味着我按照这个提示操作就可以赚钱？

答：

那样的话太好了，不是吗？不，提示的作用不是这样的。那是圣杯——我们都知道这是不存在的。扫描器的作用就是：找出符合你所设定标准的股票。你能设置总是让你赢钱的标准吗？你不能，也没有人可以。那些标准告诉你正在形成的架构。自己找出走势图，评价行情，决定自己是否要做这个交易。每个提示都是一个机会，而决定抓住这个机会，还是放弃这个机会的是你。此外，记住，如果你太依赖于自己的设定，那么有可能错过一些没有完全满足标准的提示，这些提示也可能在某些情况下找到有趣的交易。反之，如果你对自己的标准要求太笼统了，可能获得过多的提示。这是交易员微调的过程。好好把玩自己的设定，将扫描器调整到适合你的风格。

问：

说到工具，能告诉我交易所需的硬件和软件吗？比如理想的电脑配置、屏幕布局等。

答：

和市场上的任何其他工具选择一样，你对硬件配置和软件使用的选择很大程度上受交易风格的影响。如果你是长线交易员，可能中等的配置就能满足你。实际上任何配置的电脑，即使拨号上网都能胜任这项工作，时间结构越短，对于电脑的配置要求越高。当日冲销交易员和帽客需要运转快的设备，以便储存足够的数据。交易软件卖家会说明他们对交易硬件的要求。如果你把标准提高一倍，至少会很安全。确定自己的电脑有升级的空间，因为可能有些时候你需要储存更多的数据。此外，稳定的宽带连接对于当日冲销交易员来说是必须的。长线交易员和波段交易员用一个显示器就够了。当日冲销交易员和帽客可能需要好几个。我用三个，是平均水平。有些交易员用的更多。典型情况是，一个显示器上显示扫描器，一个显示制图软件，还有一个用在其他方面，比如聊天室、新闻订阅等。注意安装新版的防病毒软件和反间谍软件，以便保护自己的电脑。有可能的话，把一台电脑专门用于交易，将其交易以外的程序和网络连接使用频率降到最低。

扫描软件的资源

http：//markets.usatoday.com/custom/usatoday-com/screener/screener.asp

http：//screen.yahoo.com/stocks.html

http：//www.realitytrader.com/iscan.asp

交易计划

交易计划表：我的交易工具

为满足制图需要，我使用

_____

_____

我的设置情况是：

_____

_____

_____

为了交易，我使用：_____

为了扫描，我使用：_____

我的设置情况是：_____

_____

第六章 交易工具

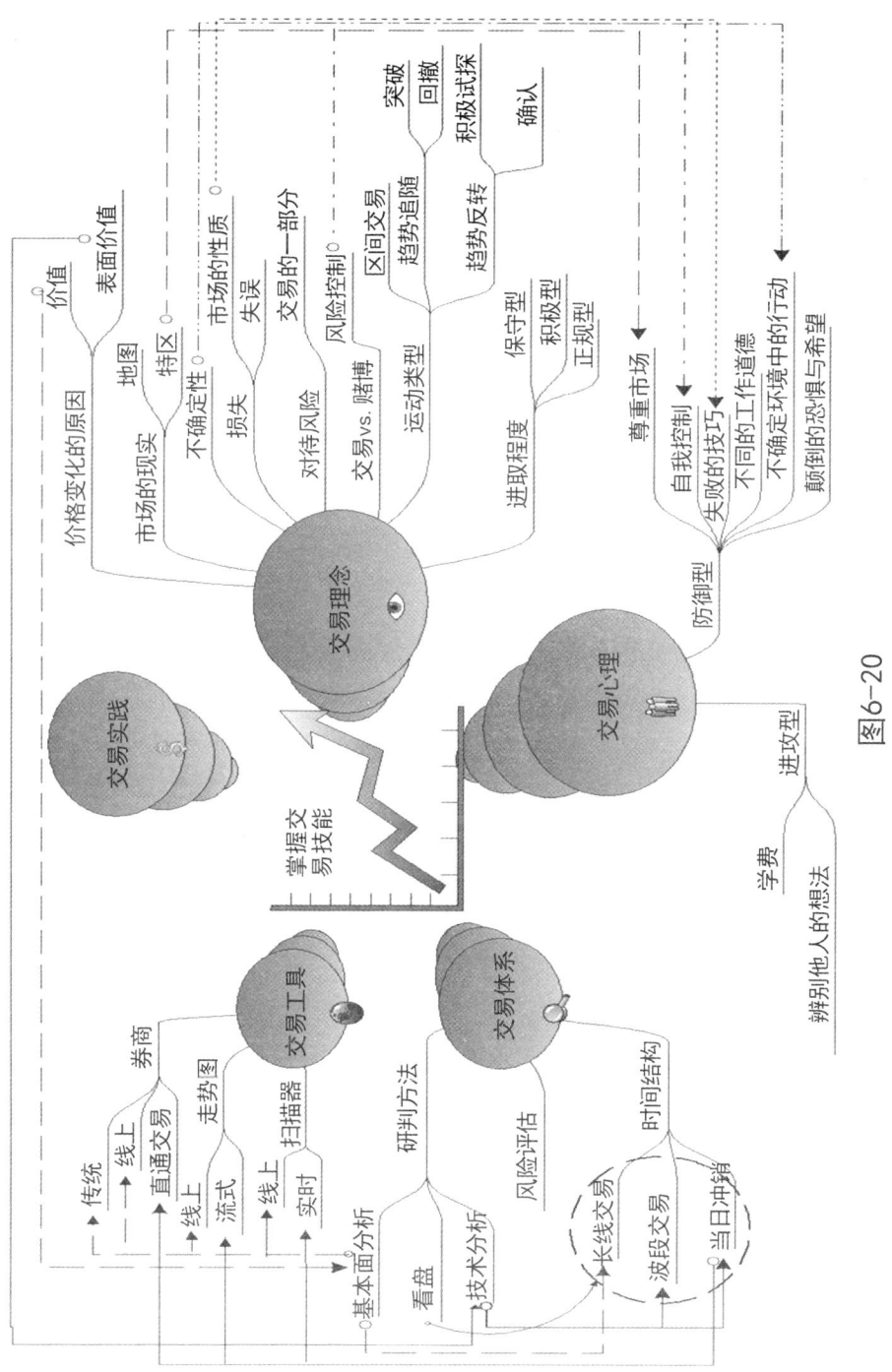

图6-20

第七章　交易实践

检验理论的时刻

现在所有的理论准备工作已经完成了，是时候开始在实际市场中检验交易方法了。你已经形成了大体的交易方法；明确了自己的心理状态；选定了解读市场和风险控制的方法；配备、学习了交易工具。真正现实的检验会告诉你如何做出必要的调整。

开始交易实践的主要原则是资金保护。你会在确定自己最终的交易方法之前，对所准备计划的所有部分做出许多调整。确保这个过程中自己的交易账户不会遭遇毁灭性打击。这点很重要。现实中的交易可能产生粗心大意；拥有强大的工具可能很诱人；这个过程看上去很容易，但交易员容易放松警惕。为了避免发生这种情况，我们一步步让你接触真实的市场。

交易实践的第一步是模拟交易。这个阶段，你可以检验自己对市场的解读，通过满足自己交易方法要求的大量亲身经历，确定市场的运动与自己的交易体系所产生的信息一致。只有看到了自己满意的结果再迈出下一步。

第二步是小笔交易。这是你第一次与其他市场参与者一起参与实际的交易。你要检验、磨炼自己的工具、技巧和精神状态。

只有在你对自己的交易工具完全满意、没有压力，可以在小笔交易中赚到钱的时候再进行下一步的行动。

第三步是增加筹码。在这个阶段，你将继续在市场上赚钱。

整个过程中，你都要掌握和应用的是自己的交易日志。这是你进行自我分析和错误纠正的主要工具。

现在，我们来画一张思维导图（图7-1），然后对每一阶段进行更为深入的讲解。

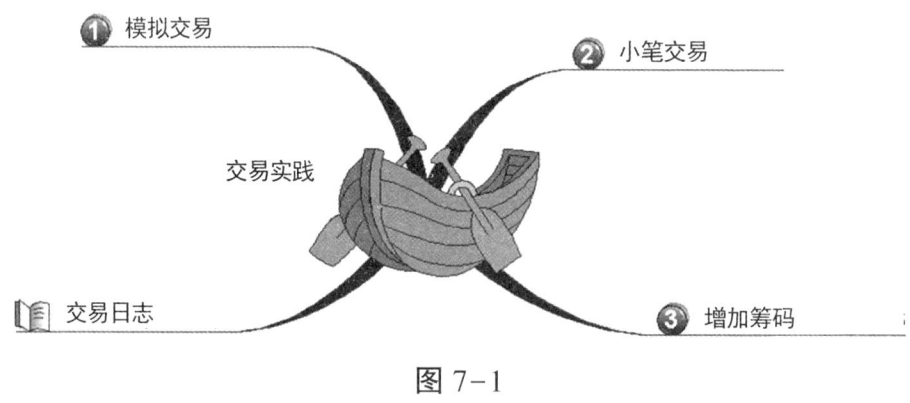

图7-1

模拟交易

模拟交易阶段的检验作用经常被很多人低估，甚至遭到某些人的嘲笑。原因就是模拟交易的明显缺陷。模拟交易中，你不能在指令执行时预测滑点情况，以及指令顺利执行的可能性；因为没有现实中金钱的压力，你的心态也相对放松。最后，你无法完整掌握自己指令路径的工具。所有这些说法都是正确的，但不能因此而把模拟交易说得一文不值。模拟交易可以让你适应现实中的交易，看看自己的方法是否起作用。这个阶段，你开始根据市场运动情况评估自己的方法，有足够的时间处理上面提到的那些问题，开始小笔交易后再一步步考虑这些因素。不过，将真金白银投入到股市之前，你可以在模拟交易中检验自己的理论知识，甚至有些经验丰富的交易员也会回到模拟交易阶段，检验自己对交易体系所做的新调整，或者在行情不好的时候进行演练，直到行情好转。

除了不能向市场发出真正的交易指令以外，模拟交易就是模拟自己的交易操作。具体操作方法非常简单。你确定自己的架构和所有相关要素：进场信号、止损位、退场信号、部分退场的可能性和追踪止损。通过观察市场运动，你可以记录下来，观察自己的反应。这是你第一次面对市场，所以得小心谨慎。如果你观察得够仔细，用负责的态度操作账户，那么，会从模拟交易认识很多市场行为模式。

看看自己的架构是否起作用。观察市场行为，确认自己的反应是否合理。如果你在模拟交易中一天天地亏钱，那么肯定是交易方法有什么缺陷。尝试做些调整，看看是否漏了什么因素。这是你解决问题的阶段——寻找有待解决的问题。如果你得到的检验结果很糟糕，不要气馁——塞翁失马，焉知非福。与其把有缺陷的交易方法用在真金白银上，还不如先找出这些缺陷。

观察自己的风险控制手段是否起作用。是否有那么一天，有那么一笔交易，你无法控制在自己的极限范围内？这个时候要严于律己，因为如果自律没有成为你的第二天性，将来你就会亏钱。

模拟交易的一个关键目的就是找到你的最大缺点。所以，你可能需要更长时期的模拟交易训练。你要考虑很关键的一点，损失和获利在你交易的整个过程中并不是均匀分布的。你可能碰到一连串的亏损，这时候，你要确保屡战屡败并不能把你踢出局。这点非常重要。关于把这种缺陷限定在一定范围内，我们将在这部分快结束的《风险控制》这一节中讲述。

为了让模拟交易看起来尽可能真实，能作为一个有效的学习工具，你得遵守模拟交易的一些规则：

1. **按照现实中的步骤做出决定，而不是做事后诸葛亮。**看着走势图，便宣称自己应该在什么位置进场，什么位置退场，这种做法不能带给你任何好处。事后再看的话，任何事都很简单，但在你真正做出诚如图表右侧的判断是非常困难的。在图上记下自己的进场点，在走势图达到利润目标或止损点时记下退场点。

2. **完全按照交易规则操作，就像在用真金白银交易一样。**"（在虚拟中）我要这么做，但如果真要用钱做实际交易的话，我则会那么做"这类的决定会让你的模拟交易变得一文不值。如果价格到达止损位时，即使价格随后马上会反弹，模拟交易也应该停止，并把收益记入账簿。如果利润目标并没有达到，虽然获利了，但获利较少，所以你并没有退场——这和模拟交易的初衷是背道而驰的。模拟交易的目的是检验你的目标是否符合实际，止损设置是否正确。

3. **合理处理交易中的风险，就像你在交易现实中的资金一样。**模拟交易是为了检验你的交易策略，不是儿戏，如果存在现实中你嗤之以鼻的高风险则没有任何意义。

4. **使用你在现实交易中打算用的工具。**例如，如果你的交易策略要求用第二级，那么在虚拟交易中没有使用，但却想着如果有第二级，自己的交易成绩会更好，这没有任何意义，成绩也不会更好，因为现实很不相同。

5. **只有价格实际上达到你设定的价格时才执行进场和退场。**你想进场或退场时的买入价或卖出价，仅供参考，并不能保证你能在这个价格执行自己的交易指令。

6. **考虑在自己的价格可以买进的股票数量。**如果你打算买

1000股，但实际上市场上只有100股在卖出，那么，现实中，你无法完全按计划买进。

7. 不要在模拟交易中计划自己要赚哪些钱。这不是模拟交易的目的，那样只会让你变得不耐烦，在自己准备好之前就迫不及待地开始现实中的交易。只要简单写下结果，看看自己计划好的策略是否起作用。

这个阶段还有必要注意——适应自己的交易工具。安装现实交易所需的软件。将窗口在整个屏幕上移动，放置在尽可能顺手、方便的位置。打开制图软件，设置字体，让你所需的所有信息都能显示出来，方便阅读。学习快速操纵制图软件。改变标志，连接窗口，改变时间结构——完成交易中你需要做的一切。在走势图中画出必要的线，根据情况增加或删除研究数据和指标。长期训练，直到能够自如的操作。

> 装配软件时，注意使所有交易工具中关键要素的颜色保持统一。举个例子，用绿色代表上升运动，比如上升的K线或蜡烛、成交量的上升运动、卖出价时的指令、指令录入屏的买入键和已经执行的买入指令；用红色代表下降运动：下降的K线、下降运动的成交量、买入价的指令、卖出键和已经执行的卖出指令。这能提高你的能力，让你立即辨认运动类型。

学习订单路径软件。操作改变股票数量、指令价格、指令类型和路径的控制键；从限价单切换到市价单，然后再从市价单切换到限价单；训练快速更改价格。长期训练，直到可以运用自如。看看如何设置复杂的委托单。如有必要，将部分指令路径说明打印出来，放在容易看见的地方。

最后，开始对委托指令设置路径，让自己的资金处于安全状态。用下列方式操作：

设置小笔交易的股票数量——10 股到 50 股。设置价格时，应与市价拉大差距，所以你可以肯定这些委托单不会被执行。如果某只股票在 20 美元的位置交易，那么，准备在 10 美元的位置买入，30 美元的位置卖出。挂出委托单，看看结果怎样。然后撤单，观察市场反馈。确定自己熟悉了所收到的所有信息，往后就不必花太多时间来解读。保证窗口的位置不会妨碍自己观察市场走势。看看自己订阅的行情信息的可靠性，特别是在市场波动最剧烈的时期——开盘时市场行情变化快，许多行情信息容易滞后。确保自己有交易帮助人员的电话号码，如果自己的网络连接或行情出现问题，可以快速获得帮助——科技不是完美无缺的。

交易软件得设置成在挂单前需要你再次确认交易的模式。初学交易的时候得用这个功能。只有在你完全熟悉软件后，才能关闭这个功能设置。虽然这会稍微降低你的交易速度，但给了你最后一次核对委托指令的机会。对于长线交易员来说，最好是把这个设置保留下去。积累了更多经验后，你可以试试用逗号键代替鼠标点击，这样可以节约时间。

问答整理

问:

我该做多久的模拟交易?

答:

我无法说出最后期限,这是因人而异的。我知道有的交易员两个星期就结束了,而有的却用模拟交易练了整整一年。并不是说练一年的人学习迟钝,他只是不断锤炼自己的交易体系,直到自己完全满意为止。虽然我也认为一年确实有点长,但一两周的模拟练习还不适合大多数人。一般来说,并没有对每个人都合适的具体时间。做模拟交易是为了达到一定的目的,而这些目的达到的时候,你就得往前走了。遵守模拟交易中的所有规则,你能持续盈利吗?你发现了自己的架构是如何起作用的吗?自己对此适应吗?你了解自己交易体系的缺点吗?你能忍受吗?你对自己的制图软件和指令录入软件运用自如吗?如果你对上面所有问题的回答都是"是",那么再用两个星期练习模拟交易。除了其他一些目的外,做模拟交易还能训练一个重要的心理素质——耐心,就是当旁观者。这些对你大有帮助。你在自己现实中的第一个交易日能够更好地控制自己。

问:

你认为我应该参加实时的辅导吗?这是不是与做一名对自己负责的交易员的理念背道而驰呢?

答:

我自己也提供这样的服务,所以,很明显,我认为这种服务还是能提供不少帮助的。不过,我们再深入点来看看这个问题。现在有两类服务。一种只是为你挑选股票。从某种意义上来说,这确实与我说的对自己负责不一致。不过,如果一个有经验的交易员把这种服务作为交易参考——"他人的观点",我认为还是有用的,但对于初学者来说并不合适。这种办法只能拖延你的学习进度,让你完全依赖他人的观点。我从来没有听说过,哪个交易员只听取别人的意见就能获得可观的收入。对市场行为进行实时评论,为会员培训之类的服务对你的进步大有帮助,但前提是老师得明确知道自己在做什么。我认为,这类服务必须能够包容其他风格的交易,而不是仅仅推崇他们自己的交易风格。会员必须能够自由提问,说出自己的观点。你可以在学习阶段使用这种服务,在能够自己独立做交易的时候"毕业";或者如果你认为这种服务对你的交易有帮助,也可以一直使用。不管怎么说,总体上,好的老师和有益的社区能够大大加快你的学习进度,让你少走很多弯路。交易过程中你可能犯很多错误,如果这种学习能够让你避免犯一个错误的话,相对于服务费用来说已经很划算了。

问:

能多谈谈行情信息滞后的问题吗?有几个忙碌的早晨,我就发现了一些滞后的情况。我如何确认正确的行情信息?我可以信任哪些信息呢?

答:

没有完美无缺的科技。比起20世纪90年代,现在的情况好多了,也稳定多了,不过还是能发现那么几次滞后的情况。首先,在不同的窗口中看同一个信息资源。有时候,你会发现只有一个窗口中的信息没有及时更新。比如,第一级和走势图都更新了,但第二级的信息还是滞后的,这时候你得忽略第二级,直到第二级能够及时更新为止。如果在某个关键时刻交易窗口的信息滞后了,那么,停止交易,等待恢复后再交易就行了。如果你对比了两组不同的信息来源,看看成交量就能发现哪组滞后了。很明显，滞后的行情信息中，成交量更少。

小笔交易

这是你全力做交易之前的最后一个阶段。这时候还有另外两个重要任务：检验自己的执行技巧和心理准备情况。这是你与市场之间的第一次真实互动，是对你内在力量的第一次检验。

我们对"小笔交易"下个定义：股票交易中，一般指 100 股。有些人更喜欢 50 股，还有些人从 200 股开始。一般认为，100 股是开始交易的合适数量。这个数量正好能够偿付券商的手续费，是个明智之选，因为你不会希望为那么小的单子支付各方面的手续费。

下面我们来看看如何为这个阶段的交易转变自己的交易规则。

1. 完全按照交易大笔委托单的规则操作。"我会这么做，但如果要用更多的钱交易的话，我会那么做"这类的决定会让你的小笔交易变得一无所获。如果价格到达止损位时，即使价格还处于可接受风险之内，小笔交易也应该停止，把收益记入账簿。如果利润目标达到了一般交易量的水平，不要因为你现在做的是小笔交易，而且希望获得更大收益而继续持有——这和小笔交易的初衷是背道而驰的。小笔交易的目的是检验你的目标是否符合实际，止损设置是否正确。

2. 合理处理交易中的风险，就像你在做一般交易量的交易一样。小笔交易不是儿戏，是为了让你做好准备，以便将来交易更多的股票。你做小笔交易，是为做大笔交易做准备，不要轻率对待。

3. 使用你在大笔交易中打算用的工具。例如，如果你的交易策略要求用第二级，那么在虚拟交易中没有使用，但却想着如果有第二级,自己的交易成绩会更好,这没有任何意义,你的成绩也不会更好,因为情况不同。

4. 用对待一般交易量交易的方式为小笔交易做目标计划。现在,你要在做一般交易量的交易前确认自己的策略,或者,做最后的必要调整,所以,这是有意义的。记住计划的目的不是计算未来的收益,而是检验自己的策略。

5. 把这个阶段作为解决问题的阶段,不管是策略方面,还是心理方面。如果你对100股都感觉紧张,那么交易1000股的时候你会更加紧张。小笔交易这种方式能帮助你习惯与市场之间的互动。学着平静下来,转变旁观者的心态。

6. 观察自己可交易的股票数量,从流动性的角度看看自己是否有足够的股票,是否能够按照策略进行交易。可能存在这种情况:你要交易100股,而且在你的价格水平正好有100股要卖出,你也填好了委托单。可是,对于一般交易量的交易来说这并不实际。

> 💡 为交易数量较大的股票做交易计划时,把回报率降低到小笔交易的70%至80%,这样更为实际。你增加筹码的时候,突如其来的价格变动、心理上的调整和其他因素,都会对交易成绩产生影响。不怕一万,就怕万一。
>
> 💡 如果委托指令还没有完整填写,不要忘记取消,以防股票回撤到这个价格而造成挂单。这种情况可能发生在你暂时离开电脑的时候,也可能在另一笔交易的过程中。发生的次数之多,可能你都无法想象。

增加筹码

这是你从小笔交易到正常数量股票交易的过渡时期,可以一步步完成:从100股到200至300股,到500股,再到1000股(如果你的交易方法要求是1000股的话)。我们把后续的数量增长留在下个阶段讨论。只有在变得自信,经验积累到一定程度,能够持续盈利之后,才可以考虑做2个或2个以上的交易仓,但这不在本书讨论的范围之列。

这是本阶段的主要原则:如果你的成绩下滑了,回到前一个交易量的阶段,找回良好的心态。用自己觉得舒服的步调增加股票数量,可能出现往前走两步,退回一步的情况。这没什么不妥。经验丰富的交易员在连败数场之后会降低自己的交易量,所以没有必要觉得丢脸。

从100股上升到200股没有太大的区别。操作委托指令的时候,就像你操作100股的时候那样自然,而且你的心态也不会因为增加了这些股票而产生太大的波动。这一步只是为了让前进的步伐慢而稳,不至于让你震惊,帮助你保持正确的心理状态,不会因为仓位的每次变动而惊慌失措。小心地控制自己的心态,确定自己没有丧失理智,没有丧失保持镇定的能力。

500股已经可以进行一般的操作了,这种交易很有可能获得可观的利润。你得认真对待。就算你认为自己已经准备好增加股票数量了,还是有必要在这个阶段再稍停一会儿。这是"不怕一万,就怕万一"的写照。如果从500股马上跳到1000股对你来说有点难以接受,那么一步一步来,在700股至800股的位置停留一会儿。记住,可以跨过500股的槛,意味着你已经是个玩家了,而不仅仅是个初学者。有些股票交易500股的话,就能对买入价或卖出价产生大的影响了。

> 💡 从一个惯常交易量提升到另一个交易量时,调整指令录入软件的默认股票数量值,以便在编制委托单指令的时候节约时间。
>
> 💡 开始交易 500 股或 500 股以上的时候,试试对流通率不高的股票进行保留操作,只显示 200 至 300 股的样子,而不是全部股票。这对《创建交易体系》中流通量好的股票没有什么影响,但对流通率不高的股票还是能产生一些影响。

问答整理

问:

我怎么知道什么时候增加股票数量呢?

答:

那时候你已经自信满满,可以持续盈利,而且感觉完全掌控了交易。如果你在小笔交易上都赚不到钱,在大笔单子上也赚不到。如果刚开始的时候,凡事都进展得很好,你也别着急,让自己经历这样的过程:亏一笔,赢两笔——保证自己能很好地处理损失,而且能平和地恢复过来。

问:

在正式开盘前开始交易,收盘后继续交易都安全吗?

答:

这种时候的交易风险更大。不是所有的市场参与者都参与其中,不是所有报价都是实价(你在第二级上看到的)。流通量越小,意味着变数越大。这时候的市场运动可能不是以美分计算的,而是几十美分,甚至更多。价差拉大的时候挂单需要技巧。

就像前面说过的，有经验的交易员就是能在开盘前和收盘后的交易中发现大赚一笔的好机会。

问：

如果我在股市开盘前看到了某条新闻，或者在收盘后看到所公布的盈利情况，你认为交易的时候我该怎么利用这些信息呢？不是经常有这种情况吗？

答：

根据常规交易时间之外的新闻事件开仓应该是有一定经验的交易员做的事，如果你刚开始做这类交易，只能从小笔交易开始。记住，新闻可能，而且经常是些阴谋。比如，盈利公告总是在条条框框中：收入、每股盈利（只有知道分析师的期望值后才有用）、前瞻性报告等。这些数据通常都不是直截了当的信息：盈利可以是税前或税后，收入和盈利可能互相矛盾；与分析师进行电话会议的时候，公司发言人的语调都可能导致股市的波动。简而言之，有很多细节需要注意，这类信息往往不容易得到及时解读。真正用这类信息交易之前，在模拟交易中练练，下小赌注，做好准备接受高风险所带来的损失。

问： 为什么在开盘前我就看见买入价高于卖出价呢？我能因此赚到钱吗？在低的卖出价买入，在高的买入价卖出？

答： 不太现实。我说过，开盘前的报价往往不是实盘。也就是说，有时候可以执行，有时候却执行不了。

第一，我们看看你能和谁交易，不能和谁交易。第二级上显示了做市商和电子通讯网络（ECN）的信息。做市商可以显示昨天的行情或者他们希望显示的任何信息，因为他们的买入价和卖出价并不一定能填入非正常交易时间的委托指令单。然而 ECN 的报价却是实价，人们很容易记住，有些交易软件甚至进行不同的标记，以便区分。

第二，我们来看看，为什么会出现这种情况。新闻或任何其他原因引起早上股票价格跳空的时候，做市商仍然显示的是前一天的报价，而交易员是通过 ECN 来录入新报价的。这时候就发生了堆叠。要看真正的报价，你只能看两边的 ECN。

做市商也可以设下圈套，人为设置堆叠。如果做市商想卖出股票，需要其他交易员大量买入，那么他可能通过放出非常高的买入价（记住，他不用实际买入）以鼓励买家买入，但同时通过 ECN 发出更为合理的价格。这种伎俩在 1998 至 2000 年的时候更为普遍，不过现在我还是能看到。我来举两个例子。下面这个截屏（图 7-2）就是 DCGN 跳空的这样一个假动作，发生在 2004 年 10 月 19 日上午 8∶23。

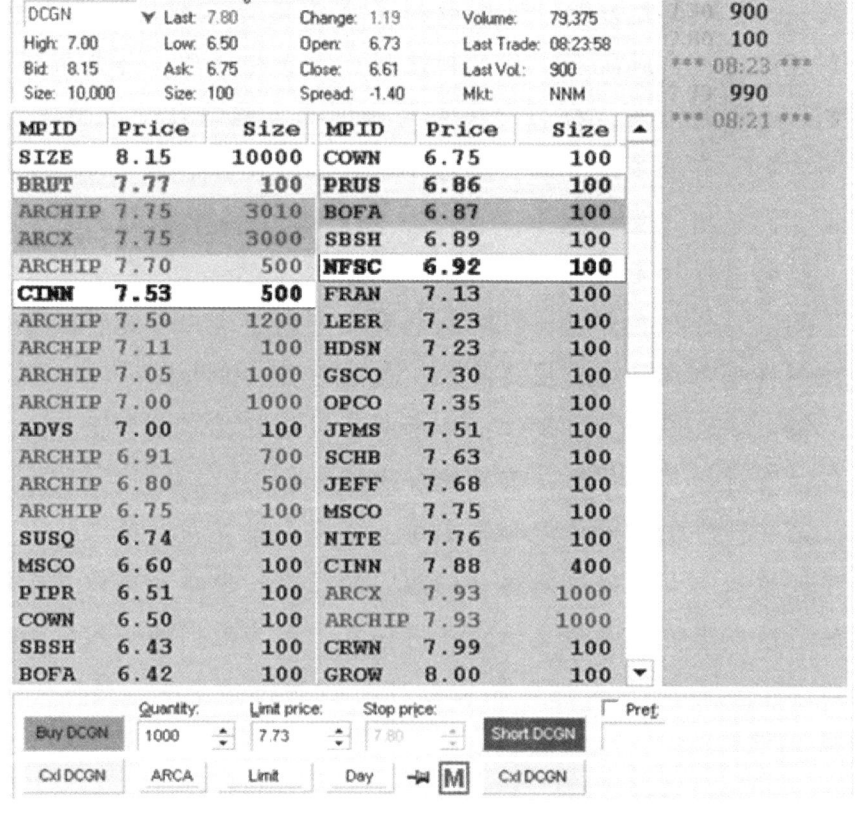

图 7-2　DCGN 的假动作

10月18日该股票的收盘价为6.61美元，第二天市场开盘前因利好消息跳空。第二级中，我们可以看到，在8.15美元的虚假买入价有1000股，而交易时价格为7.80美元。你可以看到，ECN上显示是红色，而做市商是黑色。

下面的例子（图7-3）是ISON开盘前的一连串行动，发生在2004年10月19日。第一个截屏只显示了买入价和卖出价之间普通的价格跳空情况：

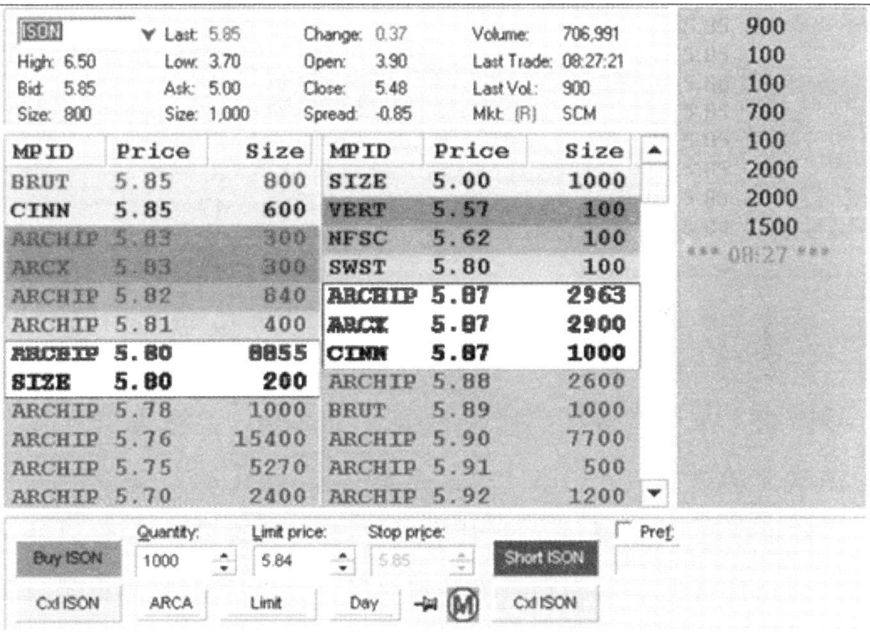

图7-3 ISON跳空，上午8:27

这只股票在5.48美元的位置收盘，与5.85美元形成跳空。你可以看见堆叠的报价：某做市商的卖出价在5美元，之后发生的变化更大。

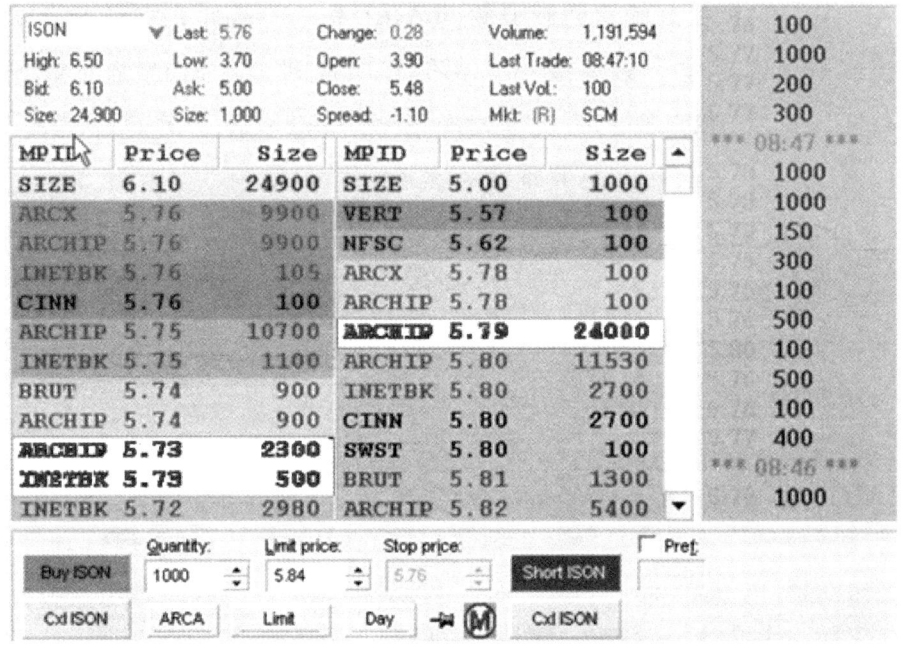

图 7-4　ISON 假动作，上午 8：47

这是个很吸引眼球的买入价，在 6.10 美元的位置有 24900 股，以此来鼓励买家买入。注意这个奇怪的数字。他们是想给人一种印象，即已经委托的股票数量是真实的，而交易却发生在 5.70 美元的位置。我们来看看这是怎么操作的。

股价下挫了 30 美分，让被套的买家大为失望。注意"鼓励性"的报价消失了——已经不再需要了，假买家已经卖出了。但游戏还没有结束！同一玩家或不同的玩家（我们永远也不知道）现在想买进，看看他做了什么：

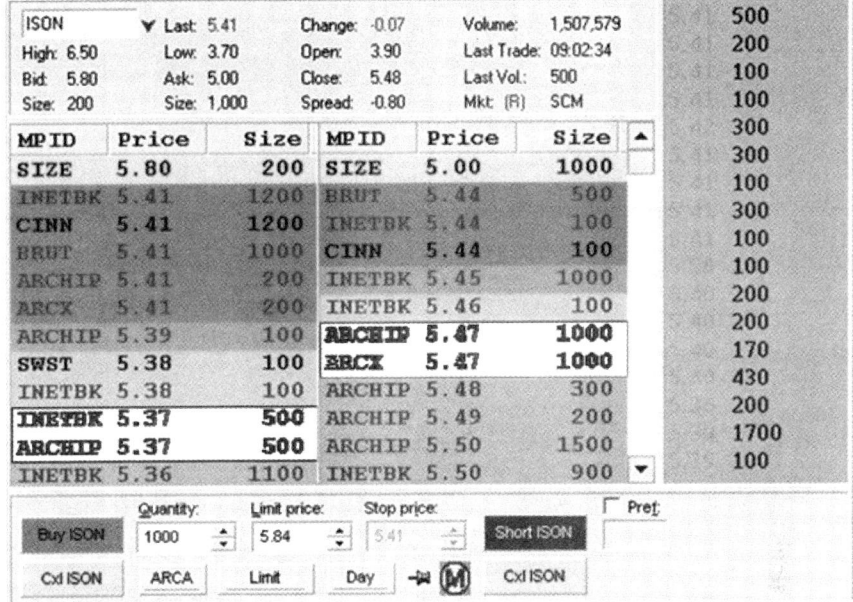

图 7-5　ISON 假动作，上午 9∶02

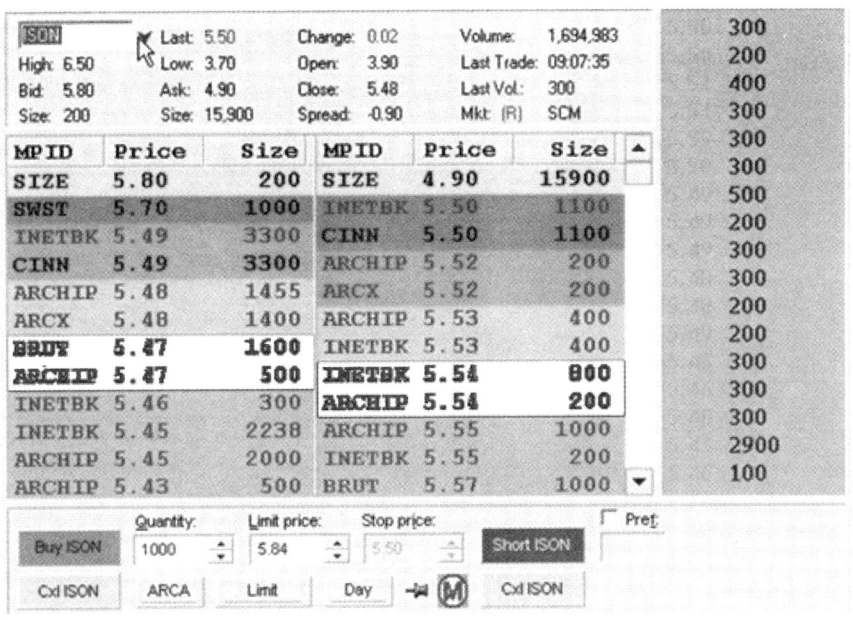

图 7-6　ISON 假动作，上午 9∶08

对了。他切换了两边的价格。这时候显示大量股票以 4.90 美元的价位卖出，吓得交易员赶紧卖出、接受他们的卖出价。

这个游戏的关键就是隐藏的目的和虚假的目的。

问： 我的限价单总是无法执行，而且，我不想用市价单。我不介意稍微多付出一点，但市价单需要付出的太多了。有没有什么折中的办法，既能执行委托单，也可以保护我，不至于让我亏很多？

答：

有的。很简单，在实际触发价稍高或稍低时挂出限价单。比如，如果你想在 20 美元的位置买入某只股票，而且愿意多付 5 美分，那么只要在股价达到 20 美元时，把委托单的价格设在 20.05 美元就行了。如果 20 至 20.05 美元的中间还有 20.01 美元，那么你可以在 20.01 美元的位置交易。就算没有，你的执行价格也不会高于 20.05 美元。这样市价单和限价单两者的优点就结合起来了。

问：

我有个做空的问题。这个概念不好掌握。虽然我已经设置了紧凑的止损，但我还是很紧张，感觉自己做的事不自然，风险很大。

答：

我们先不考虑介入股票之类的理论问题。它实际上也没什么作用。我们从短线交易员的角度，看看什么是做空。假设你有足够的理由相信根据你的交易体系，股票会下跌，其实就是实际执行的问题。我们条件反射地认为，钱是在价格上升的市场中赚的，在价格下跌的市场中亏的。大家把做空看成是只有专业人士才了解的超级复杂的概念。实际上，所有这些都没有那么难。

做多的时候，你先买进，然后卖出——为了赚钱，你的卖出价得比买入价高。做空也是相似的——如果你的卖出价高于买入价就能赚钱。唯一的不同在于，你先卖，然后再买。做多的话，你从买入股票的时候开始交易，卖出股票时交割交易。做空的话，你从卖出股票的时候开始交易，买入股票时交割交易。如果你能在低价买入，高价卖出的时候赚钱，那么高价卖出，低价买入的时候，你也能赚钱。实际上只要把买卖的位置换一换，就能理解这些概念了。如果股价常规的上升和下降让你感觉不自在，想象股票价格是左右移动的，看看是否有帮助。和所有新概念一样，从模拟交易开始，然后是小笔交易，直到你对交易感到自然、顺手了，再进行下一步。

问：

你是否认为做空比做多的风险更大？我听说过这样的推理，股票价格可以永无止境地上升，所以亏损也是永无止境的。此外，还有可怕的扎空头。能给些评论吗？

答：

股票价格可以永无止境地上升，但下跌的话，最多跌到零。这是那些对止损没有概念或不用止损的人害怕的事。作为一个自己控制风险的交易员，为什么你不阻止继续亏损，而任股价跌到零呢？或者，在做空的时候，为什么不用止损单呢？另一个问题是：股票价格强劲上涨的时候，有些人总有强烈的卖出倾向，因为"不可能再涨了"。这是个大大的错误。这时候两边都有足够的理由进场，做多或做空。认为价格太高或太低的观点都是没道理的。你有自己的交易体系，所以你的行为得与交易体系一致。业余交易员在他们认为价格不合理的时候做空所有股票，碰壁后发誓再也不做空了，后来自己就被各种各样可怕的故事纠缠。这涉及交易理念的根本。如果你认为市场价格维持在不合理状态的时间会比你保持清醒的时间更长（你最好相信这点），你只要根据交易体系产生的信号行动就行了，在市场证明你的判断错误的地方及时止损。

现在，我们谈谈扎空头。扎空头就是指，过早做空的人得补仓，为上涨添加动力。新开仓做多和补仓产生的综合购买力可以产生剧烈的市场运动。只是要提醒一点：维持自己的止盈和止损。

问：

什么是做空比例？从哪里可以找到？有什么用处？

答：

这个问题和扎空头密切相关。做空比率指卖出的自由流通股票的比例，告诉交易员，如果该股票获得上涨的动能，是否有逼空的可能性。相关知识可以在下面的网址找到：http://www.nasdaq.com/asp/quotes_full.asp?kind=shortint&symbol=（其中还有很多与股票相关的其他信息）。记住这些只是大概的数据，并没有最新数据。数据是每月定期更新的。

问：

你自己做交易的时候会规划时间吗？

答：

我会。开盘后最初的10至15分钟内价格最容易变化，而且风险很大。这个时候我都很挑剔，很小心。上午11：00至11：30是一般的交易时间。之后，市场活动渐渐平静下来，我也停止交易。交易日快结束的时候，成交量放大，股市会重新活跃起来。所有这些都只是一般规则而已，不是一成不变的。某一天、某只股票的具体表现可能不一样。

交易日志

这是你未来几年每天都要记录的日志,是你客观看待自己交易的主要工具。任何一个交易日都不能忽略。

交易日志的作用很多。

第一,帮助改善自己的交易策略。如果你翻查自己的交易记录,发现自己主要的盈利发生在开盘至中午这段时间,而之后又产生了亏损,那么,交易日志就是在告诉你如何调整自己的交易时间。如果你总是在突破的时候赚钱,在趋势反转的时候亏损,说明你在做错误的决定,所以你可以停止反转时期的交易,或者认真看看自己在反转的时候是如何交易的。

第二,帮助认清市场的变化。你每天都在股市中征战,可能看不清具体情况,而某些架构可以在你反应过来之前慢慢改变盈利的比率。如果查看日志后发现有明显的变化趋势,那你可能获得了第一手的暗示信息,告诉你市场运动的方向即将发生变化。

第三,或许也是最重要的一点:交易日志可以成为观察自己心态的窗口。你可以客观地分析数据,从旁观者的角度看待自己对市场行为的反应,而且有机会在市场运动的早期发现问题。

> 💡 不要记录你当时的心理状态,那不会是客观的评价,也就没有什么帮助——你肯定会受自己分析精神状态时的状态影响,从而导致记录不够客观。交易日志仅仅通过交易决定反映你的心理状态——那些真真切切的事实。

很多交易员有自己的日志格式，下面我们会提供一个，帮助你开始记录日志。你可以按照自己的具体交易方法做出必要的修改。不过，还是得小心，不要记录太多没必要的细节。交易日志本身应该是没有终点的，它只是为你服务的工具，所以只需记录必要、充分的信息就行了。有时候你可能需要日志的临时附加信息，我们将在《格式改善》这节中讲述。

交易日志有两种格式。第一种反映每笔具体交易的细节，是分析自己交易策略的基础。第二种是交易统计，说明你的反应情况。两者为实现某些目的相互交叉。后面我们会做进一步的讲解。

表一

交易#	架构	进场		止损	目标	退场		P/L
		价格	时间			价格	时间	

表一分析

从表中我们很容易看出来哪种架构对应多大的百分比。如果你在价格达到止损点或达到利润目标之前退场，你可以很容易从这张表上看出来，从而告诉自己要调整心态，因为你已经明显违背了《交易理念》部分讨论过的规则：交易时，不受噪音干扰，只能在有理由相信不适合继续交易，或已经产生退场信号的时候退场。

如果架构显示了混乱的结果，试着画出该架构下每笔交易的走势图。研究这些走势图，看看是否存在模式，能够区分获利和亏损的交易。可能有时候成交量没有很好地发挥作用；可能交易的时间不对；可能是每天的头寸问题，等等。如果你可以发现这种模式，就等于获得了进行必要调整的暗示。如果压根就没有模式，问问下一个问题：这个架构是不是以前运作得很好，但最近停止发挥作用了？如果答案是肯定的，那么你可以得出结论，现在的市场不适合这个架构。你要暂时停止交易，做做模拟交易，直到架构又恢复作用了为止。很多架构都会经历这种循环。如果你只是刚开始尝试这个架构，而结果显示并没有规律可循，你可能需要调整架构。

如果你是为了获得更高的收益率而试试某个架构，对其进行改良，找出并清除导致亏损的因素，也可以进行同样的分析。但是，不要过度追求完美，我们是没有办法避免所有亏损的。

表一改良

如果你想进一步改进自己的策略，也可以利用这个表格。

如果想获得更高的利润，你得增加一列：退场后的最高价。如果你发现很多笔交易中，自己退场后价格急剧上升，那么很明显，你需要调整自己的退场参数。仔细观察走势图，看看是否存在什么模式，可以将你退场后继续上涨的股票和退场后发生反转的股票区别开来。如果你找到了，就可以为自己的交易体系增加一个新的参数了。如果没有这类模式，试试在这种架构下再做做模拟交易，看看自己是否能真正得到提高。如果是，你就知道怎么调整了。

如果想优化止损设置，你得增加一列：止损后移动方向和波动幅度。如果大多数情况下，价格下跌，首先说明你的止损设置得很好。如果多数情况下，价格都出现反弹，说明你的止损设得太紧了。做做模拟交易，试着把止损设得松一些。如果发现很多股票反弹到了利润区，仔细查看走势图，看看是否存在一种模式，可以辨认出你认赔出场后反弹的股票，以及退场后价格更低的股票。

如果在你止损退场后多数股票的价格走低，试试在这种时候设置更为紧凑的止损。分析走势图，看看如果止损收紧一定程度之后这些数据是如何变化的。找出数据上升的位置，如果这个位置与你的止损点有差距，你可以稍稍收紧止损，尽量降低亏损交易中的亏损值。

> 收紧止损时，注意不要将止损设置在股票反弹的位置。留一点空间，以便应对小规模的不规则运动。如果你做的是当日冲销，一般留5美分就够了。如果你的时间结构更长，将这个空间拉大。总之，取决于你的时间结构和仓位。

对表一进行调整、改良是个创造性的活动。如果你发现有必要优化自己交易方法中的某些参数，想想如何测算，并为表格再加一列。用这个参数将表格分类，找出模式，以便告诉自己如何操作才是正确的。

下文表二是交易数据统计。我在自己的书《盘口解读技术》中详细讨论过。下文是其中的节选。

我把自己的交易结果都记录在日志上，帮助自己及早发现问题，采取预防措施。日志是我的镜子，让我可以发现自己的心态在什么时候不正常。

我所记录的事项如下：

- 每日的交易笔数
- 盈利的交易笔数
- 亏损的交易笔数
- 盈利/亏损的比例
- 盈利交易平均获益点数
- 亏损交易平均亏损点数
- 每日平均点数

每日交易笔数

看起来记录每日交易的交易笔数既简单又没什么作用，但我们应该这么想：在盈利的一天里你成交了多少笔？在亏损的一天里你成交了多少笔？交易的原理应该是得手时乘胜追击，而失手时尽量减少活动。许多交易者却恰恰选择了相反的策略。当输钱的时候因为总想报复，想扳回，往往结果却适得其反。因为在这种情况下操作的交易只能反映我们的个人愿望，却不是真正的机会。

盈利/亏损比例

假定风险-回报关系不允许成功率在50%以下，如果交易者的成败比率不及50%，那就有问题了。我的体系不允许这个值低于50%，否则就代表我的交易过于频繁，企图从干枯的交易中榨出油水。另外，我对于市场动能或形态的判断也可能发生错误。这时候最好重新回到模拟交易。如果成败比率高于50%，基本上就没有问题，只要成功交易的获利超过失败交易的亏损就行。

平均成功获利和平均失败亏损

平均收益和平均亏损的信息便于我们验证自己是否遵循了在亏损时及时刹车止损和在盈利时等待资金膨胀的原则。每个交易员的风险承受能力、股票投资种类和期望值不尽相同，都有适合自己的止损点。如果我们查看一个月的平均亏损值，就能知道自己是否将亏损控制在最低水平。如果平均盈利太少，可能意味着抢短线的频率过高或者成功交易的持有时间太短。不同组合的统计数据，代表着不同的含义。比如说，如果交易笔数很大而成败比率很低，意味着我们经常挑选的股票的成功率不高。

下表就是一个交易员的交易日志和分析。这是一周真实的交易。我特意挑选了市场波动剧烈，产生交易亏损的一周（减去手续费后的数据），借以说明我是如何利用统计数据找出问题的。

表二

	交易笔数	盈利交易笔数	亏损交易笔数	成功/失败比率	平均获利	平均亏损	总计
星期一	12	8	-3	2.7	0.35	-0.173	2.28
星期二	15	8	-6	1.3	0.25	-0.237	0.58
星期三	11	2	-6	-0.3	0.23	-0.273	-2.10
星期四	18	8	-8	-1	0.156	-0.22	-0.512
星期五	10	6	-2	3	0.23	-0.156	1.068
总计	66	32	-25	1.3			1.316

星期一：可以看出来，星期一是不错的一天。成功率较高（67%），而且成功/失败比率也不差（2.7:1，对短线投机者来说很不错了）。

星期二：星期二就不那么好了。盈利的笔数跌到了53%，而且成败比率也几乎持平。如果算上手续费的话，星期二算是亏损的一天，很可能是由于本周第一天成功产生过度自信所致。交易数量也增加了，也许意味着交易的选择太过草率。

星期三：星期三简直就是场灾难。我的交易中超过50%是失败的，而且失败交易的平均损失超过了成功交易的平均获利。看起来，我是因为星期二的交易结果不理想而更不顾一切地扑在股市上。亏损并没有及时终止。当市场告诉我应该撤退的时候，我是否在继续坚持错误的方向？

星期四：哇！看看这个失败者是怎么回应星期三的失利的。这天的交易笔数径直增长——报复性交易，穷追猛打，而不是有所收敛。成败比例相当，选择股票有些饥不择食，只要有波动趋势的股票都想操作。成功的笔数很少，我太过胆怯而急着获利了结。交易的亏损还是超过了盈利——错误的心态导致，总是期待价格能回到进场点的位置。

星期五：情况好多了。我明显平静下来冷静思考了。我没有激进地买入——交易总笔数减少了。对于交易对象的选择也更挑剔，虽然只能让这一天幸免于难，无法扳回整个一周的损失。我做了66笔交易，共有132张单子，每张单子20美元（当时的平均手续费），一周共损失了1500美元。

> 透过这类分析，我可以及时发现问题。我的行为模式也在这张表上显露无疑。比如说，我发现自己在亏损一天后倾向做更多的交易。所以，我必须改掉反应急躁的毛病才能避免重蹈覆辙。我可以追踪每日的交易，盈利的时候注意心态是否因此而变得松懈。所有这些追踪和分析帮助我更好地了解自己。因此，我永远知道自己的内心状态，能够尽早察觉问题，避免事态进一步恶化。

我们也可以对表二进行改良，像对表一那样。例如，加入"当天交易时间"一列，把每天分成三部分（早上、中午、收盘），从而让自己更清楚交易的比例。

交易日志将陪伴你交易生涯的每一天，是检查自己的最佳工具，帮助实现自我提升。

问答整理

问：

过去三个月来，我都在持续盈利，现在账户已经达到我计划的最高持股量了。权衡自己的风险承受能力之后，我并不打算马上增加持股量。我应该从交易账户中取些钱出来吗？还是让账户金额一直增长？

答：

假定你当下需要这笔钱（如果真是这样，你就不会问这个问题了），那就是个心理问题了。我们为自己的工作表现好而犒劳自己，尝尝交易的甜头，当然是个好主意。另外，取出一些钱来可以防止自己因安全垫的缘故而变得鲁莽。有了安全垫，你会觉得更安全，这当然好，但我也看过无数的人"成功后放弃继续从事最初让我们成功的事"。经常检查自己，警告自己避免鲁莽交易。如果你并不打算用这些钱进行激进的投资，那么可以保护自己的利润，远离危险。如果你对此还有犹豫，那么试试下面的方法：从账户中把盈利的三分之二拿走，只留下三分之一。这样两种目的你都达到了，既保护了自己的利润，又增加了安全垫。

风险控制

前面你已经确定了自己的交易方法，而风险控制又是交易方法的一部分。在实际交易之前，你已经仔细考虑过风险控制的问题了。不过，这个问题极其重要，我还是要用最后整整一节来讨论。

我们已经讨论过多种场合的止损设置问题，确定了交易走下坡路的主要标志——最初进行交易的理由消失了。所以，我们要采取行动，对交易过程进行风险控制。我们来跟踪交易的整个过程，看看各个时期应该做些什么。

头寸大小设定、止损设置、部分出场和追踪止损是管理交易时进行风险控制的主要方面。

风险控制从头寸大小设定开始。要找到适合自己的正确的头寸大小，你得用走势图中显示的止损大小除以每个交易所允许的最大亏损。下面就是一个例子：

例如，你的交易资金是30000美元，希望自己每笔交易的亏损控制在百分之一的范围内，那么，你的每笔最大亏损就是250美元，因为你还得支付手续费。从走势图中你发现止损位在进场点下25美分的位置。用250除以0.25，得出你在这个交易中的最大持股量为1000股。

建立头寸后，现在，你要开始积极管理自己的交易了：在市场出现信号之前，你不用做任何事。如果股票只是在"噪音"范围内移动，你只要等待就行了。填好止损单，然后静观其变。如果股价达到了你的止损位，不要犹豫，不要推理，迅速止损——没有什么好考虑的。

　　如果股价波动的方向对你有利，你关注的就是自己交易体系确定的"激动"信号。如果你是个帽客，你要等待股价达到1∶1的风险/回报比时退场。我们的示例中，利润在 25 美分左右。

　　如果你做的是当日冲销交易。在这个价位，你很可能不会完全退场平仓，要么继续持有所有股票，等待下一个更大的变化，要么将部分股票抛出，以确保部分利润。然而，如果股票形成了新的压力位和新的整理区间，你可以用追踪止损。因为之后会形成新的支撑位。如果股票突破该支撑位，但势头没有预期的强劲，那么，你可以退场。还是这个例子，如果股票上涨了 25 美分，然后止步不前，也就形成了一个新的支撑位——股票突破先前的压力线，产生进场信号。现在，你的追踪止损应该设置在该支撑位之下，比如之下 5 美分的样子。这样一来，你的风险就不再是 25 美分了——如果股价回落，你只亏了 5 美分。此外，如果你开始抛出了一半的股票，就算股价达到了最终止损的位置，就整笔交易而言，你还是赚了。

　　股价突破新的支撑位，如你所愿进一步移动时，上面的过程就会重演。如果下一个信号在你进场点附近 50 美分的位置产生，你还是有几个选择：抛出剩下的所有股票，或者抛出一部分，或者不做回应，继续持有。

　　只要还持有股票，就得再次设置追踪止损——先前压力位形成的新支撑位之下。在《交易理念》部分我们举过一个例子，在走势图上显示追随趋势的追踪止损——温习一遍，现在，这些知识对你来说作用更大了。

每个交易员的时间结构，进场/退场信号和具体的可承受波动幅度不尽相同，取决于各自的交易体系和所做的交易选择。然而，风险控制的主要原则，以及应对风险采取的行动还是一样的。

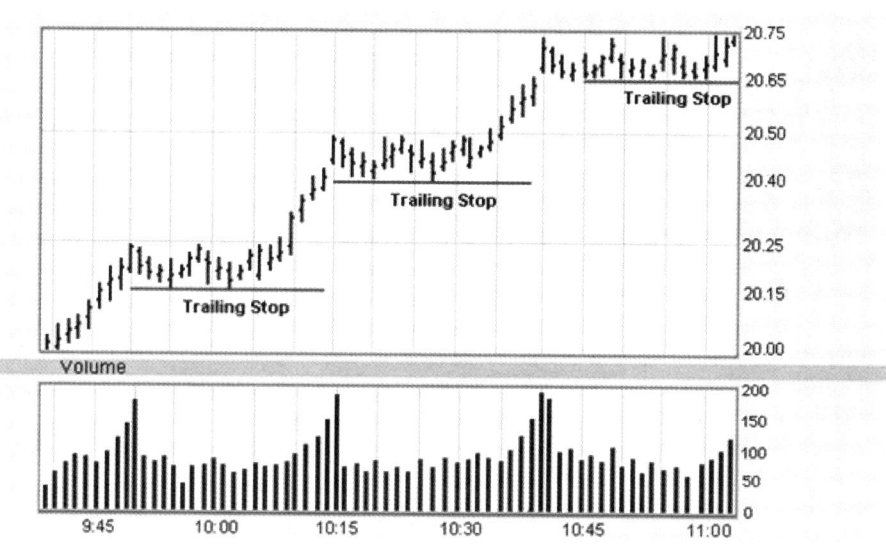

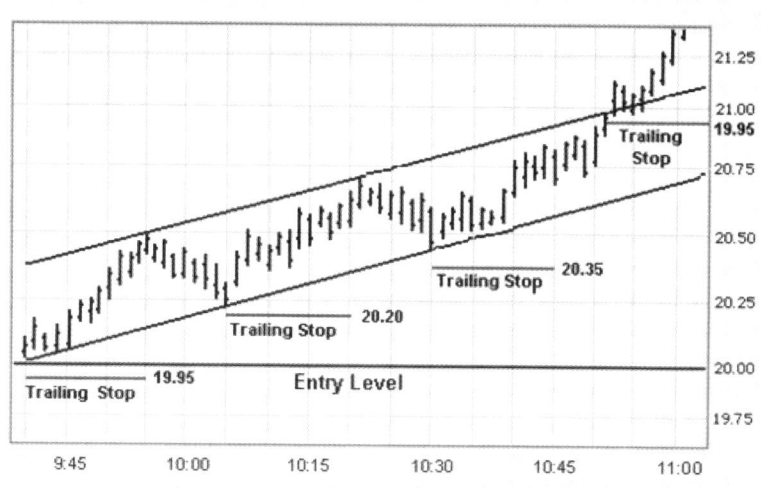

图 7-7　追踪止损

要在股市上生存，你还得注意最后一个方面：可承受的最大跌幅。你能承受的最大亏损是多少？假设单笔交易的最大亏损设置为交易资金的 1%，而且一天连续性的亏损最多可出现三笔，如果你是个当日冲销交易员，连续 30 天亏损的话，账户里面的钱就全都完蛋了。事实上，这是个极端的情况。无论如何，你也不能让自己处于这种境地。相反，你要确定一个提示点。到达这个点的时候，你得重新评估自己正在做的事。在交易训练的任何阶段，从模拟交易到全面交易，都应该照做。假设你将该提示点设置为连续 5 天亏损，这时候需要回答两个问题。第一个问题：是市场行为发生了变化导致你的交易体系无法再获得好的交易成绩，还是你执行交易体系的原则出了问题？第二个问题：你该怎么办？

回答第一个问题时，你可以站在旁观者的角度分析市场行为。回到模拟交易阶段，检验自己的交易体系。找出那段时间交易体系所发出的所有信号，分析信号发出后发生了什么。如果你发现自己的交易体系仍然能够产生积极的成绩，那么原因就在你自己身上——是你没有按照交易体系的指示行事。如果你从客观的角度看到的是否定的成绩，那么是市场行为发生了改变，导致你的体系产生亏损。

那么，两种情况下，你该如何应对？这个时候，第一要务就是降低活动频率或停止交易。连败数场后还要拼命逼迫自己是个大忌，那样会让交易员损失更多。实际上，在你达到提示点之前，就应该开始减少交易了。如果你设定为连续亏损 5 天，那么，你应该在第三天之后就开始缩小交易规模了。

如果通过分析，你发现问题的症结在于你自己，那么你就得恢复自信。多花些时间做小笔交易，缩短时间结构。目的就是尽量提高盈利次数，不管每次盈利有多小。更快的盈利可以很好的缓解这个问题，提高成败比率，而忽略盈利/亏损比率。没有什么比"赢"这个动作更让人觉得自己像个赢家了。

　　派出设计交易心理基础时造就的模范交易员。从旁观者的角度观察模范交易员的行为，让自己恢复自信，帮助自己产生"像个赢家"的感觉。不要急，慢慢来！让自己离开股市一段时间，去做自己喜欢的、感觉惬意的事情。用良好的心态重新看看自己的交易计划，去读你喜欢的塑造成功心态方面的书，重温鼓励你的交易员访谈。最后，记住，只能在你完全恢复自信（感觉"我不会做错的"），而且交易成绩提高之后再增加交易筹码。

　　如果分析后发现是市场行为影响了自己的表现，你将面临两个选择。如果你认为这种改变是长期的，例如大的趋势变化或变化频率发生变化，那么你得重新建立交易体系了。另一种情况是变化是暂时的，不会持久，例如趋势中的止步不前（我们在《创建交易体系》部分说过，你的交易体系应该包括这种情况）。如何把两种情况区别开来是个大问题，但不在这本书讨论的范围之列。那是大的机构投资者都头疼的大问题。实际上，发现市场的主要拐点并不容易，你的整个交易生涯都是围着它在转。无论如何，交易员要培养自己不断适应和重新适应的能力——交易员的成败都仰仗于此。

　　现在，对于风险控制，我们还要强调最后一点：永远不要忘记控制风险。永远！

问答整理

问：
如果我的交易活动没有以前频繁了，我的恢复过程是不是会更慢？如果我连续5天都产生了亏损，而且把自己的交易规模缩小到一半，如果我纠正过来了，是不是还需要10天才能恢复呢？

答：

不要被愚弄了，纠缠于那些看起来很自然的反应。正是这种思维方式让你的亏损不断扩大。你做更少的交易是为了找到问题。目的是让你慢下来，放松下来，恢复自己的冷静，以便能够重新做出客观的评价。你问题中的关键词是：如果我纠正过来了。首先，你得纠正过来，按照自己新的理解填补之前的损失。先要仔细琢磨新的理解。如果你认为还是有点奇怪，那么不要加快速度。修理出故障的机器的时候，我们先要关掉机器，然后把它拆开，分析问题，处理问题，最后再进行测试。

问：

停牌是怎么回事？它的风险怎么样？如果碰上停牌，风险有多大？有没有什么办法降低风险？

答：

实际上，当日冲销的交易员只有在一种情况下无法及时对股票波动做出反应，那就是停牌。出现某条重大消息的时候，或者交易不平衡达到很高水平的时候，需要得到某个公司的重要信息的时候，交易所可以勒令某只股票停牌。如果该消息有可能严重影响股票的估值，重新开盘时可能出现跳空。如果是利好消息，被堵在这个坎的交易员可能可以获得巨大收益，反之，也可能遭受巨大损失。无论如何，最好还是避免停牌的交易。虽然停牌十分罕见，但结果可能是灾难性的。所以，不要在重大消息（如FDA的决定，或盈利公告）发布之前玩股票。如果大家大量抛售某只股票，却不知道背后的任何原因，那么很可能会遭遇停牌，不要接近这类股票。

交易计划

交易计划表：交易实践

我要从模拟交易开始。在这个阶段，我要测试、调整自己的交易体系，学习交易工具。满足下列条件之前，我会一直做模拟交易，等待开始实际交易的时机：

_____

_____

我从____股开始交易。这个阶段，我检验自己的执行技巧，以及让自己保持冷静的能力。满足下列条件之前，我会维持这个交易规模：

_____

_____

我把单笔交易的股票数增加到____股。如果我发现了对交易产生负面影响的因素，随后的两个星期，我还是会做这个规模的交易，之后再增加到____股。

同等条件下，我从____股增加到____股。

我坚持记录交易日志。每个交易日结束的时候我都会填写相关信息（长线交易员可以在每笔交易结束后），分析结果。我用交易日志评价市场状况和自己的心理状态。

如果我连续_____天都在亏损，我会停止交易，分析原因。如果发现市场行为正在发生变化，我会_____。

如果我认为自己才是罪魁祸首，我会

_____

当我完全树立自信，而且连续交易_____的时候，我会分析自己的交易，看看怎样才能获得更好的交易成绩。我会用下面的方式达到这个目标：

_____

_____

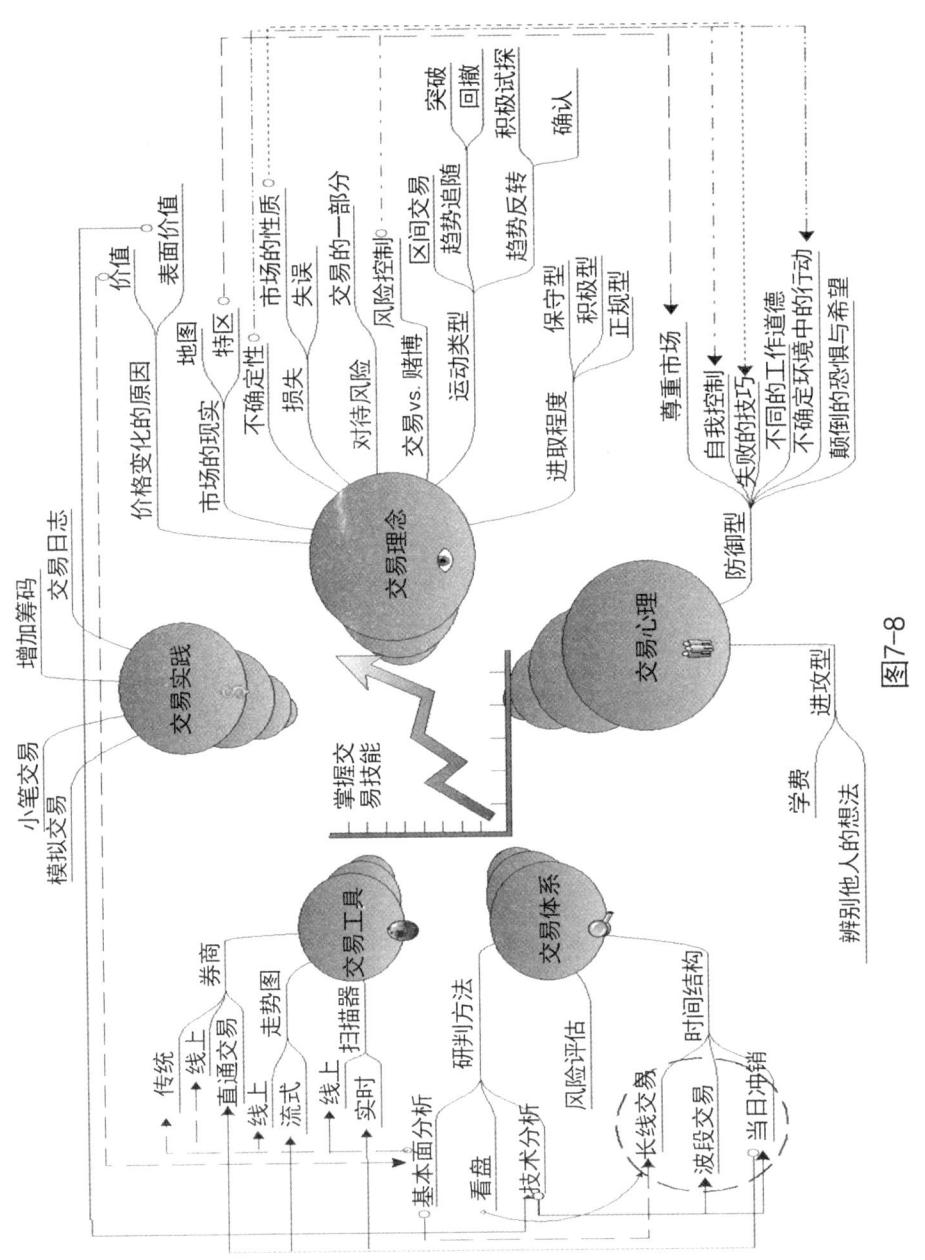

图7-8

第八章 交易计划示例

下面是五个交易计划示例，都是和我保持联系的交易员给我的真实计划。其中四人经验很丰富，已经形成了自己的交易方法。因为他们没有写学习阶段的计划内容，所以计划都显得比较短。为了统一，我把一些内容移动了位置，而且还删掉了一部分，因为有的交易员需要保密。不管怎样，这些范例可以给你一个清晰的概念，告诉你如何做计划。

初学者

我的愿景

我要成为一名以交易为生的当日冲销交易员，因为我喜欢自由的生活方式，希望自己做老板。

我的支出和目标

我的交易本金是 40000 美元。

我的目标是 1 年能赚 70000 美元，希望在 1 年内达成目标。

我的交易相关支出：

- 制图软件：150 美元/月

- 扫描软件：45 美元/月
- 书：一次性 300 美元
- 订阅服务：250 美元/月

我的交易理念

我认为市场行为是由人对市场的反应所决定的，这就是我要解读的全部。

对我来说，最重要的市场事实是价格变化。我从来不认为市场会出错。

我不指望市场的行为是确定的。我知道即使自己没有出任何差错，有时候也可能亏损。我要分析自己的亏损，以便找到重复的模式，改善自己的交易策略。

我感谢风险。那是交易不可分割的一部分。机会就在风险之中。

我会严格控制风险，保证我的生存和盈利。

建立了有效的架构后才能开始交易。

架构错误就是让我停止交易的信号。

我希望做追随趋势的交易。

刚开始，我是保守型的交易员，后期可能会转向积极型或正规型。

我的交易心理

市场是老大，我不会跟市场争论。

我对自己的交易结果负全责，是我自己所做的交易决定注定了交易结果。我是个非常自律的人。

股价达到止损点的时候，我退场。无一例外。

我没有事先知道交易结果的欲望。让市场做决定。

我害怕亏损，所以用止损来限制亏损。我希望利润增长，所以采用追踪止损来保护利润，但我不会操之过急。

正确的心态应该是：

1. 冷静。
2. 专注于市场运动，而不是钱。
3. 每天都是新的：我不会因为对某天的成绩感到失望或兴奋而影响第二天的心情。

为了保持正确的心态，我的办法是不断查看自己的交易日志，看看是否违背了自己的交易策略。我一直坚持记录两份日志，一份是交易的事实记录，另一份是缩减版，只记录亏损的交易。我分析亏损的交易，看看自己所做的事是否与交易策略一致。如果偏离了交易策略，我会惩罚自己，不过只是做两天的模拟交易而已。我热爱交易，这种不能在市场上交易，只能做模拟交易的滋味不好受，所以我会严格执行交易策略。

为自己找交易机会的时候，我会等待机会的到来，不会强行改变自己对市场的看法，不会随便改变自己的架构去迎合市场。

进场信号产生的时候，我会立刻按键进场。不作他想。

交易过程中，我会静待结果，不会调整自己的止损位，除非交易体系要求我这么做。

如果交易对我不利，我会退出，不作他想。

如果交易对我有利，我会静待退场信号，并不关心盈利/亏损比率。

我的交易体系

我计划做当日冲销交易。

我的单笔交易亏损限制在 200 美元之内。

我用止损控制自己的风险。

我不会同时交易两个以上的仓。

如果需要的话，我会在做当日冲销的时候使用所有保证金。因为我不会隔夜持仓，所以保证金风险对我来说不是个问题。

为了控制每笔交易的风险，我设定了如下标准：

- 成交量：500万股或更多。
- 价差：不超过5美分。
- 公众持股量：1000万股以上。
- K线实体/烛身最大长度：5美分。
- 第二级的委托单大小：1000股或1000股以上。

如果估算滑点位置超过5美分，我就不会做这笔交易。

我把技术分析作为研判市场的方法。

交易体系设计

我运用下面一组走势图形态：

- 开盘突破
- 杯柄形态
- 三角形
- JBE整理形态

我对每种形态的设置

- 开盘突破：开盘15分钟后，区间不大于20美分。
- 杯柄形态：杯体不少于90分钟，幅度不大于1美元；杯柄在10至30分钟之间，幅度不大于30美分。
- 三角形：顶点位置不得长于2小时，在基本长度的2/3至3/4的位置突破。

- JBE 整理形态：持续时间不得超过 2 小时，区间不得大于 20 美分，J 不得少于 60 美分。

下列条件满足时，我的进场信号产生：
1. 发生突破。
2. 最初的高点不高于 15 美分。
3. 回调时，价格回到新的支撑位（正好突破压力位）。
4. 形成新的支撑位。
5. 可以在新支撑位附近 5 美分的位置买入。

我的退场价格在距退场信号点 5 美分的范围之内。

达到下列标准时，我的止损点触发：<u>价格向下突破新的支撑位，低于我的进场点 15 至 20 美分之下</u>。

发生下列情况时，退场信号产生：风险/回报比率达到 1∶1 时，先抛出一部分股票；达到 2∶1 时，再抛出 1/4。追踪止损设置在之下 20 美分的位置。

我的每日亏损最高限额为 600 美元。

盈利时，利润达到 600 美元后，我的活动频率会降低。

我的交易工具

对于制图工具，我使用：

- 3 分钟走势图，当日冲销。
- 30 分钟走势图，30 天。
- 365 天，每天。
- 第二级用作风险评估。

交易执行过程中我使用带有 TTO 订单面板（译注：Threshold Triggered Order。TTO 订单指定两个价格，一个高价，一个低价。一旦市场报价触发任何一个价位，那么其对应的市价订单将发送到市场。设计这种订单模式是为了限制潜在亏损和锁定潜在盈利。）的 MB Trading，尽量减少对我情绪的影响。

对于扫描器，我使用智能扫描，并进行如下设置：

- JBE
- 走势图形态辨认
- 52 周最高价
- 5 天的震荡整理

交易实践

我准备从模拟交易开始。这个阶段，我要测试、改善自己的交易体系。同时，我还要学习使用自己的交易工具。除非我已经对自己的交易体系和工具非常熟悉、顺手了，否则我会继续操作模拟交易。我计划至少做 2 个月的模拟交易。

我从 100 股开始交易。这个阶段，我检验自己的交易执行技巧和保持冷静的能力。在我完全适应并开始持续获利之前，我会一直做这个数量的股票交易。

我把单笔股票数量提高到 200 股。如果我的交易成绩没有下滑，我会在这个阶段再待一个月，然后上升到 500 股。

同等条件下，我再上升到 700 股，进而 1000 股。

我记录自己的交易日志。每个交易日结束后我都会填写，并分析结果。我通过交易日志来评价市场状况和自己的心态。

如果一连 3 天我都产生了亏损，我会停止交易，分析原因。

如果我发现市场正在发生变化，我会回到模拟交易上。

如果我发现自己才是罪魁祸首，我会把单笔交易的数量减到100股，直到能够持续获利为止；之后如果持续3天我的交易成绩都很好，我会一步步地扩大交易规模。

如果2年中我都非常自信，而且持续盈利，我会分析自己的交易，看看如何提高交易成绩。到那时我再决定具体的步骤。

波段交易员

全职波段交易员，股票交易为其主要收入来源，有4年从业经验。

我的愿景

作为全职交易员，我需要从交易账户中提取足够的资金过日子。我喜欢没有老板，没有最后期限的生活方式。

我的支出和目标

我的交易本金是70000美元。

我的目标是扣除手续费和佣金后，每年至少赚120000美元。我接受的最低收益为70000美元。

我每月的支出为250美元，分为下面几部分：

- 制图软件：150美元
- 扫描软件：50美元
- 新闻订阅：50美元

我的交易理念

对我来说，推动市场运动的是人。看走势图就是为了看人。走势图是不会说谎的，能不能看准都取决于我。

有时候我也会犯错。我接受亏损，然后继续前行。有时候我做对了所有的事，但还是产生了亏损，我也接受亏损，然后继续前行。

自己做错的时候，我会分析、纠正自己的行为。

风险控制就是我的安全网。这是我做任何交易时的第一要素。

只有出现了走势图信号，我才会开始交易。

只有出现了走势图信号，我才会退场。

我针对反转进行交易，对趋势变化感兴趣。

我非常激进。就算自己的交易体系研判后发出极端信息，我也会进场交易，并设置紧凑的止损。如果第一次尝试失败了，我还会再次进场。

我的交易心理

市场指引着我的方向，我不会将自己的观点强加于上，而是听从、尊重市场的信号。

自我控制是我在交易中的主要利器。市场提供指引，我控制自己，并尊重市场。

我需要对自己的行为负责。这点我很坦然，也给了我力量，让我做一个自力更生的人。

对于我的交易体系认定的噪音，我不予理睬，从来不会据此操作交易。对我来说，重要的是止损或者利润目标。我不会在交易的过程中间改变计划。如果市场发生变化，我的利润方案可以改变，但止损方案不能改变。

我不会在交易中掺入个人情绪。交易是我的职业。我只是做交易员工作要求我做的事，那就是，根据交易体系的信号发出指令。

如果发生了亏损，我不认为自己有多糟糕。市场不能影响我：亏损不会让我觉得自己很傻。亏损仅仅是某笔交易走下坡路或者我的失误所致。如果是我的原因，意味着我从市场中得到了提示，最好是以后吸取教训，避免重蹈覆辙。

扫描寻找交易的时候，我不会主动参与。我需要满足自己的所有参数，不接受普通的架构。如果进场的所有条件都具备了，我会自动开仓。由于扫描时非常挑剔，所以扫描器找到合适的股票时，我很果断。我从来不会追随某只股票——要么做适合我的交易，要么不做。

进场后，我立即设置紧凑的止损，此后我不会考虑这笔交易的止损设置问题。我观察自己的交易，看看自己的退场信号是否发生在计划中的位置。

我的交易体系

1至15天的交易我都参与。只有止损点和盈利目标达到时，我才会在一天之内平仓。如果价格的运动趋势如我所愿，但没有发出明显的卖出信号，我可能会延长持股时间。如果某笔交易中，价格持续在止损点附近波动，但没有达到止损点，我会在第15天的时候平仓。我做纽交所、纳斯达克的股票和道指、纳斯达克100指数和标准普尔指数（S&P）的股指期货。

我将每笔交易的亏损限定在1000美元之内，或者交易资金的1.5%（手续费包含在内）。我分散买入多笔交易，基本上每个仓的持股数量少，并设置紧凑的止损，以此来控制自己的风险。

每次我都交易5-7个仓。

每笔交易中的本金基本上为账户总额的15%至20%。

我不用保证金。

我不做那些一天交易量在500万股以下的交易。

我利用下列走势图形态和指标：

- 双重底和双重顶、头肩形、三角形突破失败、带柄茶杯形态突破失败、墓碑十字星。
- 我在 MACD（背离）和移动平均线的交叉处设置过滤器。
- 我根据看盘原则对自己下文所列的所有形态进行成交量确认。

作为激进的交易员，我在出现下列情形时进场交易：

- 反转时的第二个低点或高点，不等价格确认，成交量下跌，接近第二个高点；
- 头肩形态中，颈线与上升的成交量相交后立即进场；
- 三角形态失败时，价格在三角形内波动，然后突破高点；
- 杯柄形态中，价格在柄状底部停留的烛体大于 3 个，而且成交量不断放大。

在趋势强劲的市场行情中，我还是用同一套进场标准，此外，我还把准备选择的交易与整个市场行情做个对比。对于与市场方向一致的股票，我不做反转的交易，除非市场自身达到了走势图形态中定义的拐点。相反，市场行情低迷时，我会寻找表现不是很好，但是与进场标准相符的股票。

我愿意在距进场点 20 美分的位置进场。

如果某只股票显示趋势持续的信号（不是反转），我就要执行止损了。出现新的最高价（最低价），但交易量下跌，说明这只股票正在走下坡路。

风险/回报率达到 1∶2 时，我会抛出一半的股票，在无盘亏的位置设置追踪止损。

我的交易日志记录每笔交易。通过交易日志，我可以及早检查自己的交易策略，分析可能存在的问题。

连续亏损 5 笔交易就是停止交易的信号。我会停止 2 天，不再看股市，获得完全的放松。休息过后，我有更为客观的心态，开始分析原因，接下来做 5 笔模拟交易。如果模拟交易达到了平常的利润水平，我再回到股市。

退休人员

波段交易员、帽客，以股票交易为其额外收入来源，具有 7 年从业经验。

我的愿景

交易是我的爱好，为我带来了额外收入。既能玩，又能赚钱很有必要，可以让我对自己的交易结果满意。

我的支出和目标

我的交易本金是 40000 美元。

我的目标是每天赚 200 美元。不过，这是我衡量交易成绩的标准，只要交易能赚钱我就高兴。我通常超额完成这个目标。

我的支出情况如下：

- 制图软件：180 美元/月
- 扫描软件：45 美元/月
- 交易室订阅：250 美元/月

总计：475 美元/月

我的交易理念

我的一般交易方法很简单。我只关心明显的市场行为，抓住能够快速、轻松获得利润的最安全的机会。

如果有迹象表明某只股票可能动能不佳，那么就不是我选择的对象。

风险是交易不可分割的一部分。没有风险，就没有回报。我拥抱风险，感谢是风险为我带来了机会。

风险控制使交易成为一个有计划的活动。如果继续交易的理由不复存在，那么必须退场。

我对交易量不断增大的小盘股感兴趣。大家更加关注这类股票的时候，我会获利了结。

我不是特别激进，也不是特别保守。我不想做第一个买入的人，但我也不愿意等到行情已经被广泛确认了再出手。如果大众对某只股票的兴趣越来越浓，我也会产生兴趣。对我来说，如果某只股票的价格稳步不前，成交量下降得厉害，那么就是在走下坡路了。

我的交易心理

我可以完全控制自己。我的主要目标是保持轻松的心情。交易必须能持续带给我乐趣，让我很享受。

我不指望能获得一只股票带来的所有收益，所以，如果提早退场了，我不会觉得遗憾。缓慢或快速上升的价格运动，容易研判的抢帽子都能带给我乐趣和收益。

我厌恶亏损，所以亏损的时候希望尽早结束。我对亏损的容忍度很低。这点我自己很清楚，所以我只想做最安全的交易。如果在某笔交易上没有看到希望，我会不带着遗憾退场。

我不认为一定要一直交易。我只在自己想做交易的时候玩股票。我从来不会在自己心情不好的时候交易。

我可以将运动缓慢的股票持有很长时间，只要这种运动追随着我认定的趋势。

我很希望找到合适的交易。最好的交易来得都很自然。我查看扫描器和交易室里的交易机会，选择我认为最适合我自己的。

我的交易体系

我做抢帽子和持股时间不超过 3 天的波段交易。

我把每笔交易的最高亏损额设为 150 美元。

我用紧凑的止损控制风险。

我一次只做一笔抢帽子和最多三笔的波段交易。

我的交易资金分为两部分。我用 20000 美元做抢帽子，20000 美元做波段交易。抢帽子的资金每次只投资在一笔交易上，而用在波段交易的 20000 美元最多可分散买入三只股票。

我使用当日冲销的保证金；我只在波段交易中用现金。

我的风险控制标准：

- 成交量：放大，对于波段交易，每天不低于 100 万股；对于抢帽子，每天不低于 50 万股。
- 价差：最多 10 美分。
- 第二级上的委托单大小：不低于 1000 股。

我将看盘作为主要方法，并结合多个走势图形态。

我的交易策略

我只做多，只跟随趋势，从不涉足反转，对不高于 5 美元的个股感兴趣。

我用当日冲销的突破形态找自己的进场点：上升三角形、杯柄形态、JBE 架构。我不使用任何技术指标——只关注走势图形态和成交量。我的初衷都是做抢帽子。如果一只股票在日线图上才开始有起色，我会在当天快收盘的时候紧紧盯着。如果发现成交量也在不断放大，而且在最高点附近波动，我会转换成波段交易。

我通常在突破位进场。如果价格高于进场点 5 美分，我不会进场。

我紧紧盯着小盘股的活动。它们的波动出现循环的时候，我的操作则很频繁。如果股票价格停滞不前，我会等待看看有没有不规则的小动作，大多数时候我会当日退场。

抢帽子的时候，我的利润达到每笔交易 200 至 300 美元的时候收手，而风险大约是 150 美元。

我每天的损失从来没有超过 300 美元。每当亏损接近这个值的时候我就停止交易。

一天的利润达到 400 美元后，我就停止寻找新的交易了。我离开自己的电脑，然后在收盘前 1 小时回来，看看是否有安全的抢帽子或波段交易可做。如果在我离开电脑前已经开了波段交易的仓，我会设置自动止损，卖出。

我的交易工具

我对制图软件的设置是：两套，每套各三个走势图窗口——180 天的日线图，两周的 1 小时走势图和当天的 1 分钟走势图。我有三个第二级窗口。

交易操作时，我使用带有制图软件的 MB Trading Navigator。

对于扫描，我使用有四个自定义窗口的 IntelliScan，扫描 JBE、走势图和小盘股活动。我把股价设置为不高于 5 美元。

交易实践

我的交易量在 1000 至 5000 股之间。波段交易从未大于 1000 股。如果我做 1000 股以上的单子，那么如果有 5 至 15 美分的利润我就获利了结，或者突破发生后看见第一个高点，我立即抛出一半的股票。只有在我可以设置 2 至 5 美分的止损时，我才会交易大单。

我没有交易日志，通常靠感觉，要么想做交易，要么觉得不适合做交易。

基本面分析交易员

长线交易员，但机会来临时，也客串当日冲销交易员；以股票交易为额外收入来源；具有 20 年从业经验。

我的支出和目标

我的交易本金是 100000 美元。

我的目标是每年至少赚 50000 美元，或者我本金的 50%。下面我将详细谈谈我的长线交易方法。

我做当日冲销的交易本金至少为 50000 美元，我希望当日冲销交易账户每年能获得 25000 美元或当日冲销交易本金的 50%。做当日冲销的时候，我遵循大多数成功当日冲销交易员使用的基本规则。我寻找可辨认的架构，进场交易，设置紧凑的止损，结束的时候果断平仓。我最关注的并不是当日冲销交易，而且平常也不是很活跃。当日冲销需要十分专注，在市场跌宕起伏，无法预测的时候回报并不是很丰厚。不过，许多玩家（包括公众和机构投资者）参与的时候，我会比较活跃。那是比较容易摘到的果实。如果交易员整天都在股市里活动，当日冲销交易可以减轻无聊感。

我把每月的支出限定在 400 美元，分为下面几部分：

- 数据订阅：125 美元
- 制图软件：60 美元

- 书、杂志、报纸：125 美元
- 新闻订阅：25 美元
- ISP 费用：65 美元

我的交易方法

如果一家公司的基本面很好，而且价格引人注目，可能产生较高的风险/回报率，那么我会买入这只股票。一些极端事件可能导致股票价格的上升，包括新产品发布，终于通过了 FDA 药物批准，或存在兼并的可能，所以我必须能够看到收益增长的潜力。

我对自己分析公司基本面的能力比较自信。我可以仔细分析资产负债表和损益表。我曾从事过与会计相关的工作，有会计知识。正因如此，我有信心可以自给自足，能控制自己的风险。

放弃一只股票的原因可能是公司基本面或前景出现重大改变。对我来说，股票价格下跌并不是退场的唯一原因。

开仓时，我考虑价格行为，并运用技术分析帮助自己确定买入的时机。我不会追随价格反弹。这种时候，我更愿意等待，直到价格稳定在某个交易区间内，最好接近该区间的最低价。我喜欢在别人都不感兴趣的时候买入，通常先买入一部分仓位，如果价格跌到更低的位置再补仓。

我打算做一至两年的长线交易，很明显，这种计划可能被任何方向突如其来的价格运动打乱。如果价格下跌，但没有任何原因，我不会卖出，而且可能补仓。如果因为公司的基本面或前景发生变化导致价格下跌，我可能会抛出。

我理解公司的基本面，不买资产负债表上财务状况不佳的公司的股票，以此来控制自己的风险。我远离炒作型的公司，专注于那些我熟悉，而且对其资产关注了数年的公司。我留意板块的表现，避免在主要板块波动后买入。同样，我也关心主要指标，如果市场整体出现超买或超卖的情形，我会非常小心。

一般我都会持有20个交易仓。

我通常将每笔交易的本金最高额限定在账户金额的5%，但很多仓都小于5%。

我极少使用保证金。只有我发现机会，而且不愿意抛出其他股票来抓住这个机会的时候才使用。通常我不会把钱全都投进去，而是留一些在账户中。基本上，我不使用保证金。

我有兴趣买入满足下列标准的股票：

板块

就长线交易来说，我主要关注技术股。我更喜欢半导体、半导体设备、纳米科技、软件、通讯和生物能源公司。

股票价格

虽然价格不是主要的考量因素，但我还是更喜欢低价的股票（是的，我知道基本上所有建议都是：不要买5美元，或10美元，或多少数值以下的股票。建议很便宜，而且通常是错误的）。

我的进场标准

决定是否持有某只股票时，我首先考虑的是基本面。我更喜欢负债很少或没有负债，现金充裕的公司。我观察收入和收入增长（或潜在收入增长），以便决定是否要涉入。我更想了解该公司的业务模式，专门寻找增长的推动力。我一般会选价格低的股票（是的，所有的建议都和这个策略相反），因为一段时期内市场对股票的定价往往是错误的，而这种错误定价流失了很大的购买机会。错误定价往往是市场参与者陷入恐慌，进行投降式抛售的结果。

我的退场标准

我会根据该公司收入或潜在收入的信息先确定一个客观的价

格，如果股价达到这个价格，我就退场。只要公司看上去能够盈利，我就不会退场，除非这个价格已经偏离了正常水平。不幸的是，技术股在高位和低位的时候波动总是异常剧烈，如果价格在任何方向上产生了过分的波动，我通常使用价格走势图来做决定。一般来说，我观察股票的交易通道，如果价格跳过上方通道线就卖出。如果价格回落至该通道的中间位置，我通常会回购。

认赔出场的标准

如果出现不适合持有某只股票的基本面原因，或者我发现了不适合持有任何股票的基本面原因，我会平仓退场。如果我认为有必要，我会完全退出股市。

我的交易工具

制图方面，我使用

- AIQ 交易专家系统
- E-Signal
- MetaStock 专业版

交易平台方面，我使用：

- Real Tick

帽客

帽客，全职，以股票交易为其主要收入来源，具有 6 年从业经验。

我的愿景

我是帽客的铁杆支持者。其他的所有时间结构中，市场都会产生不少噪音，而我却利用这种噪音赚钱。

我的支出和目标

我的交易本金是 35000 美元。

我的目标是平均一天赚 500 美元。

我用在制图软件、扫描软件和交易室的支出合计约为每月 525 美元。

我的交易理念

市场是我的奶牛。市场波动是为了给我面包和黄油。我唯一关心的就是找到股票价格运动。

我了解交易的各种可能性。我已经选择了时间结构最短的交易方式,因为这种交易方式给我的机会更多。

我认为交易并不是个风险过高的活动。这么短的时间结构可以让我设置非常紧凑的止损,从而控制风险。

动能是我进入交易的一个原因。我喜欢快速运动的股票,不会找那种几乎不动的股票,我交易的运动类型是突破和反转。

我在突破上非常激进,在反转上交易则较为保守。

我的交易心理

我只关心自己发现并可以研判的即时波动,此外,我不关心任何事。我对进场和退场很坦然。执行止损和获取利润对我来说同样轻松。我可以很轻松地执行止损,因为我靠自己的交易经验,可以很快找到其他的股票进行交易。获取利润就更加轻松了,因为我喜欢账面利润。我绝对能控制自己。

我的理想心态是只关注当前的市场运动,其他的一切都不管。我的交易很大程度上依赖于直觉。我在看第二级屏幕的时候就能感觉出接下来的几个动作。我有自己的架构,但在我启动架构前,我会通过直觉对股票进行最后的评价。

我获得正确心态的方法就是使用模范交易员。崇尚低价的埃迪就是我的模范交易员。操作所有交易的正是埃迪。他是个冷静、自信、有幽默感的家伙。不管是赢是输，他都会笑。股票运动方向对自己有利的时候，有买家买入自己的股票的时候，他会说："看！我多棒"。股票的运动方向并非如他所愿，要执行止损时，他会指着自己说："看看这个笨蛋"。他一直都是冷静的。犯错时，他是第一个承认错误的。他总说，不管怎样，我赢的次数更多，而且在交易日结束的时候总能赚到钱。他的自信带来了力量，可以让自己一直积极地从事交易。埃迪的态度帮助我在交易中撇开个人情绪。我只是在看他交易。

我的交易体系

我做纳斯达克的股票和股指期货，所交易的股票价格在5至100美元之间，持股时间很少超过10-15分钟。

我将自己每笔交易的亏损限定在100美元之内，用紧凑的止损控制风险。一次我只做一个仓的交易。我可以将账户里所有的钱都投入一只股票中，把保证金的作用发挥到极致。

为了控制每笔交易的风险，我设定了如下标准：

- 成交量：不少于每日100万股。
- 价差：不大于2至3美分；如果价差大于这个范围，我会减持股票。
- K线实体/烛身最大长度：10美分；如果大于10美分，我会减持股票。
- 第二级委托单大小：1000股甚至更高；如果低于1000股，我会减持股票。

如果某只股票的滑点位置可能超过3美分，我不会选择这个交易。

我在一分钟走势图上运用走势图形态、看盘和 20 日移动平均线指标。

我对突破运用追随趋势的走势图形态；对反转运用双重底、三重底和头肩底。

对于突破，我的进场信号是在突破行情中回调至支撑位。我希望看到 20 日 MA 也与这个点重合。虽然这不是必要条件，但是我希望发生的。我只在当天的高点对突破进行交易。这样，我能够设置非常紧凑的止损。价格反弹至压力位的时候我会出仓。有时候，如果止损的位置允许，我会同时操作两个仓，然后在压力位附近对第一个仓平仓，看看自己是否能够为第二个仓找到突破。如果找到了，我会在压力位之上的第一个高点卖出。

对于反转，我的进场信号较为保守——在价格确定时。我经常在反转交易上采取快速抢帽子的策略，而且从来没有同时操作过两个仓。

我从来不追进场点。我的利润目标很小，无法负担之间的差价。

作为利用动能的交易员，我在动能对我不利，而且没有支持的时候退出交易。如果一只股票的运动频率太低，我可以退出这笔交易，在保本价格附近卖出。我更喜欢找找其他的机会，而不是守株待兔。

如果我连续亏了 3 笔交易，我会减少交易。如果休息一会儿后又亏了第 4 笔交易，那么这天我会停止交易。

交易有利可图时，我尽力赚得更多。只有在我觉得累了，开始心不在焉的时候，我才会停止交易。

结束语

读完这本书,你对交易计划的过程就了然于心了。用本书提供的表格创建交易计划,你可以为将来的成功奠定坚实的基础。

这是个令人激动的旅程,其间有起有落。阅读过程中,你可以更为深入地了解自己,而且很可能改变自己。要想成为成功的交易员,你要学习大量关于风险的知识,锻炼处理风险、测算风险、控制风险的能力。

交易是件苦差事,但也乐趣无穷,可以带给你无数值得回忆的故事,是让你自豪的源泉。如果成为成功的交易员,你就有足够的理由感到自豪。克服自己的缺点,彻头彻尾地改变,成长本来就是了不起的成绩——这正是你制订、执行自己的计划所要经历的。

祝你有个趣味盎然、回报丰厚的旅程!

华丁·格列佛

术语表

高于市价的委托单（Above the Market）

在高于当前市场价的价格买入或卖出的委托单。

腾落指数（A/D）

代表上升股票和下跌股票整体数量差距的技术分析工具。腾落指数被认为是市场整体运动的最佳指标。DJIA 等股票指数只显示了 30 只股票的力量，而腾落指数提供了更为全面的信息。

盘后交易（AHT）

在主要交易所的正常交易时间结束后交易。

美国存托凭证（ADR）

若干单位的国外公司股票充当一单位的美国存托证券。

美国存托股票（ADS）

存托协议下发行的股票，代表在发行人国家的股票。

AMEX

美国证券交易所的简称。

套利

利用不同市场的价格差异同时买卖同一或相等的证券，以便获利。

买入价

卖方愿意接受的证券价格。

市价单（At the Market）

在最佳价格买卖的委托单。

熊市

交易员认为市场正经历下跌趋势,并据此做出行动。

最佳卖出价

与其他市场参与者相比,是某一股票的最低卖出价。

最佳买入价

与其他市场参与者相比,是某一股票的最高买入价。

买盘

投资者、交易员或庄家为买入证券而发出的提议。

买入-卖出价差

卖出价高于买入价的差额,亦称价差。

买入价

买家愿意为某证券支付的价格。

Big Board

纽约证券交易所(NYSE)的别名。

泡沫头部（Blow-Off Top）

价格直线快速上涨,之后直线快速下跌。

蓝筹股

资本雄厚、信誉优良,无论行情好坏,都有能力支付股息的公司所发行的股票。

布林线

简单移动平均线加上两个标准方差。

抄底

认为股价已触底,即将反弹而购买价格急剧下跌的股票。

市场宽度指标

特殊的指标，用上升和下降来确定对股市运动的参与度。

突破

一种走势图形态，表示股价向上冲破压力位（如前一个高点）或向下跌破支撑位（通常是前一个最低价）。

牛市

交易员认为市场正在经历向上的趋势，并据此行动。

买入止损单

买入证券的止损单，设置在高于当前市场价的位置。如果市场价格达到或高于买入止损单价格，则该止损单触发。

K 线图

以蜡烛的形式显示某一证券在每个时期的最高价、最低价、开盘价和收盘价的价格走势图。

CBOE

芝加哥期权交易所的缩写。

CBOT

芝加哥期货交易所的缩写。

停板制度

主要证券或商品交易所在指数下跌超过某一水平时要求停止交易一段时间的制度，以防止进一步的损失。

清算所

保证在交易所交易的证券或衍生品的交易义务得到履行的公司。

收盘

一个交易阶段的结束。报纸通常引用收盘价。

CME

芝加哥商品交易所的缩写。

整理

主要由技术分析者使用的术语，指股票价格在界限清楚的形态内或在两条水平界限范围内波动。

消费者价格指数

通货膨胀指数，用以测算一般消费者购买商品和服务时价格的变化。

杯柄形态

形状像带有杯柄的杯体的走势图形态。杯体成"U"形，而杯柄缓慢向下移动。就该形态的保持时间而言，短达 7 周，长达 65 周。其右边的成交量较低。

当日有效指令

买卖证券的指令，如果当日没有执行则自动过期。

死猫反弹

股票经历主趋势下跌后价格快速、平缓上升。

深度

表示某一证券吸收买卖委托指令的能力，与流动性有关。根据证券的相对深度，证券流通性可强可弱。

全权委托单

为客户买卖证券时，让经纪人有权决定最合适价格的委托单。有些全权委托单附有限制性条款，限制经纪人的价格决定范围。

双重底

技术分析中使用的走势图形态，表示股票（或指数）的下跌、反弹，然后再跌到上一轮的下跌相同的位置，最后经历另一轮反弹。

双重顶

技术分析中使用的走势图形态，表示股票价格上涨、下跌，然后再上涨至与上一轮上涨相同的水平，最后经历另一轮下跌。

双约到期日

期权和期货均到期的月份的第三个星期五。

道琼斯平均指数

追踪整个市场行情时最常用的平均指数，共分为四类：工业、运输业、公用事业和平均股价综合。平均股价综合指数就是前三种指数的综合。

道琼斯工业平均指数

唯一一类用得最广泛的平均指数，是纽交所30只极具分量、活跃的蓝筹股的价格平均数，被认为是反映股票市场状况的最佳的总体指标之一。

下跳动（Downtick）

股票价格低于前一交易的交易。

道氏理论

股市理论，认为股票市场的价格波动是当前经济趋势的反映，也是未来经济趋势的风向标。

每股收益

用总收益除以已发行的股票数量。

电子通讯网络（ECN）

通过交易所做市商或场外交易做市商将委托指令传送给第三方的电子系统，其指令可部分或全部执行。

指数移动平均线（EMA）

一种类似于简单移动平均线的移动平均线，但更看重最新数据。

斐波那契数列

下一个数字等于前两个数字之和的数列。例如5、10、15、25、40、65。

逆向操作（Fighting the Tape）

交易员做出的与趋势相反的操作。

旗形

一种技术分析走势图形态，看上去像桅杆两边的旗。旗形是价格窄幅震荡引起的，表示前一个运动趋势恢复之前的整理。

公众持股量

公众持有、可供交易的所有股票数量。公众持股量由已发行股票减去受限股票后得出。

基本面分析

通过分析多个要素，如公司盈利、销售额、资产和增长潜力，确定某一证券价值的方法。

期货

销售将来交付的金融票据或有形商品的金融合约，通常销售将来某个特定日期到期的商品。

期货合约

指在交易所交易的买卖特定种类和特定级别商品的合约。此商品将在约定的时间和地点交付。期货合约可以转让。

跳空

相邻两个交易日的股票价格没有重叠点，第二天开盘价比前一天的收盘价高（跳空高开）或低（跳空低开）。

跳空和套牢

股价跳空后发生反转，套住开盘时进场的交易员。

撤销前有效委托

客户执行或撤销前一直有效的委托单。

头肩形态

技术分析术语，用以描述走势图的形成，其中股票价格：

1）上涨至波峰，然后下跌；

2）接着，价格上升到高于前一个波峰的位置，然后下跌；

3）最后，再次上涨，但没有超过第二个波峰，接着再一次下跌。

第一个波峰和第三个波峰共同构成双肩，第二个波峰构成头部。

对冲
建立投资头寸，其中某些投资用来抵消其他投资的风险。

指数
挑选的一部分股票，用以反映市场的基本趋势。

指数期货
股票或金融指数的期货合约，如标准普尔 500 指数。每种指数由多种不同的股票构成，用以确定期货的价格。

指标
揭示特定证券或总体经济趋势的统计数据。

首次公开发行（IPO）
私有企业第一次向公众出售的股票。IPO 通常是小型、年轻的公司为了扩大业务募集资金的方式。

内幕人士
拥有或已获得某上市公司非公开的有价值信息的人士。

内在价值
根据基本的价值理解判断某公司或资产的价值。

倒弧形
表示股票价格已经达到最高价，上升趋势已经结束的技术分析走势图形态。

高市值公司（Large Cap）
资本市值在 100 亿至 2000 亿美元之间的公司。

第一级
显示当前买入价和卖出价的信息屏。

第二级（Level II）
信息屏，除了显示当前买入价和卖出价之外，还显示所有做市商和 ECN 在不同价格水平的买入价和卖出价。

收盘限价单（LOC）
收盘限价单在市场收盘前发出。如果收盘价并未达到或好于所提交的价格，则该委托单取消；否则该委托单将按收盘价执行。

开盘限价单（LOO）
开盘限价单在市场开盘前发出，于第二个交易日上午市场开盘前在交易所执行。如果该委托单并未在限定价格或更有利的价格执行，则予以撤销。

限价单
客户设定其作为买方愿意支付的最高价或作为卖方愿意接受的最低价的委托单。

挂牌股票
在纽交所或美交所交易的股票。

流动性
在对资产或证券的价值没有大影响的前提下，资产或证券在市场买卖的流通程度。流动性表示交易活跃程度和市场深度。

锁定市场
竞争性强的市场，其中买入价和卖出价相等。

维持保证金通知
券商打给客户的电话，要求客户向自己的账户追加资金，使余额回到所要求的水平。

维持保证金

利润账户中必须保有的资金量。

保证金

使用借款购买证券，亦指"用保证金买入"。

保证金通知

券商打给客户的电话，要求客户向自己的账户追加资金，使余额回到所要求的水平。

收盘市价单（MOC）

收盘市价单是在市场收盘前发出的委托单，在市场收盘前执行，执行方式类似于典型的市价单。

做市商

券商或银行，确定普通股的买入价和卖出价，保证此股票总是可以按照公开报价买卖。

开盘市价单（MOO）

开盘市价单是在市场开盘前发出的委托单，在市场开盘时执行，执行方式类似于典型的市价单。

市价单（Market Order）

在当前可执行的最佳价格立即买卖股票的委托单。市价单有执行保证。

中型市值股票

简称"中型股"，指市值在20亿至100亿美元之间的股票。

动能

证券价格或成交量的比率或加速度。

移动平均线

一种指标，经常在技术分析中使用，表示某一证券价格在一段时期内的平均价值。计算时需注明时间跨度，如200日等。

NASD

美国全国证券交易商协会的缩写。

NASDAQ

美国全国证券商自动报价系统协会的缩写。

全国最佳买卖报价（NBBO）

SEC 要求券商必须保证其客户买入证券时可获得最佳卖出价，卖出证券时能获得最佳买入价。NBBO 即满足 SEC 的这一要求。

纽约证券交易所

美国最大、历史最悠久的证券交易所。

零碎股交易

比证券的一般交易单位小的证券。

期权

一方给予另一方在一定时期内或某个具体日期以协议价格买入或卖出证券的特权（而不是义务）。

期权链（Option Chain）

通过某证券的所有期权的列表，选择期权价格的方式。

期权合约

一份期权合约对应 100 股股票。期权的报价按每股价格计算。

委托指令

客户为在特定条件下买卖证券而向券商发出的指令。

超买

技术分析中，认为市场上已发生的买入成交量远远大于符合基本面的合理情形。

场外柜台交易系统（OTCBB）

NASD 提供的电子交易服务。一般针对小市值股和微小市值股的公司，风险非常高。

超卖
技术分析中，认为市场上已发生的卖出成交量远远大于符合基本面的合理情形。

已发行股票
公司已发行的所有股票。

P/E 率
价格/收益比率的缩写。

操纵证券价格
某人或组织进行大量交易，但其自身持有证券情况没有发生任何实际的改变，为了让人产生某股票波动剧烈的印象，从而鼓励他人交易该股票。该做法涉嫌违法。

点
点在股票交易中一般表示一美元。

长线交易员
长期持有某证券仓的交易员。

盘后交易
一般市场收盘之后完成交易。

盘前交易
一般市场开盘之前完成交易。

显示交易值
挂出的实际交易数据，注明价格和股票数量。

程序交易
主要为机构投资者使用的电脑程序化交易。通常交易量非常大。交易员电脑的委托单直接进入市场的电脑系统，并自动执行。

反弹
价格下跌后，整个市场的价格出现大幅上升。

相对力量

价格趋势的测算值，表示与同行业的其他股票相比，该股票的表现如何。

压力

一段时间内，某股票或市场可以交易的价格，但无法超过该价格。通常指压力位。

回撤

股票价格运动中的反转，与主要趋势相反。

反向拆分

将公司已发行股票的数量削减，从而增加每股的票面价值或每股收益。所有股票的市场总值保持不变。

涟漪（Ripple）

对短期市场趋势的比喻。

整数股（Round Lot）

证券交易的普通单位，一般指 100 股。

罗素 3000 指数

涵盖 3000 只普通股的指数，被认为是反映市场整体行情的良好指标。

圆弧形

技术分析的走势图形态，表示股票价格已到达最低点，下降趋势已经结束。

股票回购

公司从市场上买入自己股票的计划，从而减少公众持股量。一般而言，该行为表示公司管理层认为股票价值被低估了。

卖空（Short Sale）

交易员预计价格下跌而卖出所借入证券的行为。

卖空交易（Short Selling）

卖方卖出他人所有的证券的行为，或完全交付卖方借入的证券的交易。卖方认为其可以在低于当前卖空价格的位置买入该股票。

SIPC

证券投资者保护基金。

专家

精通某些特定证券的股票交易所成员。专家必须持有该证券，可以在必要时进行买卖操作，从而平衡趋势，维护该证券的有序市场。

价差

证券或资产的买入价和卖出价之间的差价。

股票分拆

将公司现有股票拆分成若干份。比如1股拆成2股，则每位股东可在原持股量的基础上，再获得一倍的持股量。

止损市价单

一旦达到或穿过具体的止损单价格，止损单转换成市价单，用以买卖证券或商品。止损单通常用来限制亏损，保护利润，但并不能保证能在该具体价格执行。执行价与止损价的差别可能很大。

止损限价单

向券商发出的委托单，旨在达到或超过所提交的止损价后在某个具体价格（或更好价格）买卖证券。

止损单

价格达到某个点时卖出股票的委托单，以此限制投资者的亏损（或锁定利润），亦称停损单。

支撑

股票不跌于某个价格之下的趋势，通常因为在该价格水平时股票供不应求。

波段交易

一种交易风格，旨在几天内在某股票上获得收益。

技术分析

分析市场活动产生的统计数据（如过去的价格和成交量）来评价证券的方法。技术分析员不测算证券的内在价值，而是使用走势图找出未来活动趋势的走势图形态。

10-K

公司在年末必须向 SEC 提交的报告。该报告包括对财务状况和运营深入分析的数据。

价格变动单位（Tick）

证券价格的最小上升（上升变动）或下降（下降变动）运动。

追踪止损

拟将执行的止损单，如果股票价格上升，在某一特定数值下追踪股票的下跌；如果股票价格下降，在某一特定数值之上追踪股票的上涨。

趋势

资产或市场的总体价格方向。

趋势分析

一种技术分析方法，用以确定或找出证券的大趋势。

趋势线

证券价格图或价值图上的线，表示该证券的大致走势，可能上升，也可能下跌。

三角形态

在价格区间画出趋势线的技术分析图形。由于波峰越来越低，谷底越来越高，所以价格区间越来越窄。三角形的衍生形态有"上升三角形"和"下降三角形"。三角形非常像楔形和三角旗形。

TRIN

交易者指数（TRader Index）的缩写，是一个技术分析指标，通过将上升下降拐点的差价除以上升下降拐点的交易量来计算。

三重底

一种走势图形态，表示股票三次冲破更低的价格水平。

三权同时到期

三月、六月、九月和十二月的第三个星期五，股价指数期货合约、股价指数期权及个股期权同时到期。通常导致这些合约和其基本证券的交易状况混乱。

成交量

某证券或整个市场在某个点所交易股票或合约的数量。

权证

衍生证券，给予持有人从发行人处以特定时间框架内的特定价格购买证券（通常为股票）。

楔形

技术分析走势图形态，由两条交汇线组成，连接一连串的波峰和谷底。

译者后记

本书的完成得到以下同仁的大力帮助，他们是：朱杰、吴文莉、李超杰、陈鼎、余锋、常红婧、郑星、田军、彭家伟、张苹、苏远秀、范纯海、张毅、吴春梅、肖艳梅。其中第一部分由肖艳梅、朱杰、吴文莉翻译；第二部分由张毅、李超杰、田军翻译；第三部分由常红婧、郑星、彭家伟翻译；第四部分由张苹、苏远秀、陈鼎翻译；第五部分由余锋、范纯海翻译；其余部分由张毅、吴春梅、康民翻译；全书由康民负责统校。由于译者水平有限，错误和疏漏之处在所难免，敬请读者批评指正。